PIERNAS
DE
ACERO

**ISRAEL VALDERRAMA
Y SU CRONICA SOBRE
25.000 KILOMETROS
DE UN INCREIBLE VIAJE
EN BICICLETA**

PIERNAS
DE
ACERO

**ISRAEL VALDERRAMA
Y SU CRONICA SOBRE
25.000 KILOMETROS
DE UN INCREIBLE VIAJE
EN BICICLETA**

Por Omar Adolfo Arango

mosaic press

Library and Archives Canada Cataloguing in Publication

Arango, Omar Adolfo
    Piernas de acero : cronica de una aventura en bicicleta de Colombia
a Canada / Omar Adolfo Arango.

ISBN 0-88962-865-3

    I. Title.

PS8601.R35P44 2006   C863   C2006-903646-2

Published by Mosaic Press, offices and warehouse at 1252 Speers Rd.,
units 1 & 2, Oakville, On L6L 5N9, Canada and Mosaic Press, PMB
145, 4500 Witmer Industrial Estates, Niagara Falls, NY, 14305-1386,
U.S.A & Israel Valderrama Ltda. EDITOR: 701-1276 Maple Cross-
ing Blvd. Burlington, On. L7S 2J9 Canada

Mosaic Press in Canada:
1252 Speers Road, Units 1 & 2,
Oakville, Ontario
L6L 5N9
Phone/Fax: 905-825-2130
info@mosaic-press.com
http://www.mosaic-press.com

Mosaic Press in U.S.A.:
4500 Witmer Industrial Estates
PMB 145, Niagara Falls, NY
14305-1386
Phone/Fax: 1-800-387-8992
info@mosaic-press.com
http://www.mosaic-press.com

www.mosaic-press.com

Dedicatoria

Para John Van Varneveld
El joven scout que un día encontré en mi camino
y que por 50 años me ha honrado con su amistad.

Israel Valderrama

INTRODUCCION

A pesar de una fuerte tormenta, el día 22 de septiembre del otoño del 2005, hubiera sido para mí un día corriente, de no haber sido por una llamada telefónica que de alguna manera cambiaba la rutina de mis dos o tres actividades diarias. "Tengo algo que a usted como escritor podría interesarle", dijo la voz desde la otra línea que acabó por comprometerme a visitar su casa con la idea de conversar y tomarnos un café. Diez minutos después, en su dirección, pude constatar que su casa amplia y decorada con buen gusto era la imagen del inmigrante trabajador y bien establecido en un país extranjero. Y no estaba equivocado.

-Soy jubilado de la Ford-, me comentó y añadió: -pero no crea que todo es color de rosa-. Y con esta inquietud, pasamos a sentarnos.

¿Cuánto hace que llegó a Canadá? Le pregunté.

-Cincuenta años. Aquí llegué en 1955, con 11.139 scouts más de diversas partes del mundo, por avión, mar, tren, la gran mayoría en buses y en sus propios vehículos, con la diferencia de que yo para llegar al mismo tiempo que ellos, tuve que salir desde Medellín casi un año antes.

¿Por qué? Le pregunté extrañado.

Me quedé mirándole mientras saboreaba la taza de café. Pero él, metido en una camisa de escosesa con su pecho erguido y una mirada de explorador empedernido, exclamó como recordando una proeza que parecía cumplir un siglo:

¡Porque yo llegué aquí en bicicleta!

¿De verdad? Comenté medio pasmado.

-Venga y le muestro-, dijo al punto que me invitaba a seguirlo por una escalerilla que conducía al sótano.

En una de las paredes que sostenía la casa, allí, por años recostada y en medios de los cuidados intensivos que sólo merece una tatarabuela, estaba la bicicleta. Y al otro lado de ella, como roncando a través de una puerta entreabierta, yo sentí que aún dormía la aventura.

En efecto, 50 años atrás, en 1954, Israel Valderrama igual que miles de scouts en el mundo, había recibido una invitación para asistir al gran Jamboree internacional de Niagara-on-the-Lake, Ontario, Canadá.

Mas el joven colombiano sin posibilidades económicas para pagar un pasaje internacional y financiar su estadía en un país extranjero, termina por declinar su audacia. Pero…, ¿acaso no es un scout, un explorador de montañas y de sueños con la osadía de los años juveniles para buscar el recurso?

Así que revestido del espíritu de Baden Powell y de su propio coraje decide viajar por sus propios medios, con lo que en ese momento representa su capital: un uniforme scout, ochenta libras de ropa y la bandera de Colombia en la parte delantera de su vieja bicicleta Monarch de turismo, de fabricación americana.

¿Y cincuenta años después, pretende narrar nuevamente la historia? Le pregunté, un poco incrédulo.

-Por supuesto que no-, me contestó. Y colocando su taza de café sobre la mesa, comentó: buenos, malos o regulares, he conservado una gran cantidad de apuntes. ¡Subamos! Me invitó. Y nos dirigimos a una estantería, en el segundo piso, donde tenía unas enciclopedias, mapas, libretas, documentos, apuntes y notas, todo ello sumado a un fajo de periódicos en forma tan rústica que parecían salir de un baúl de pueblo.

-Es todo lo que tengo-, me advirtió en un tono medio solemne. El ciclista me pasó una serie de datos cronológicos, ordenados por capítulos, atravesando los vastos territorios de las Américas como en una larga fila de montículos de sol, lluvia y pantano. Pero todo eso, a pesar del esfuerzo inverosímil y del incesante pedaleo a través de 25.000 kilómetros de viaje, sin el contexto de los años vividos y el indispensable interés en dejarnos conocer el crecimiento de sí mismo, a partir de su propia proeza.

En aquellas páginas de libreta, a manera de diario certificado con sellos y firmas por los países que cruzó, estaban entre otros, Ramón Hoyos, Cochise, Giradengo, Baden Powell y diez naciones con sus carreteras, valles, ríos, montañas, pueblos enteros, policías, bomberos, exploradores, presidiarios, carceleros, casas del deporte, consulados y, en medio de los laberintos de su propia aventura, podía palparse tanto su sudor como su fatiga, fruto de su tenaz resistencia.

¿Pero aparecía el forjador de metas, ese capaz de afeitarse a la luz de la luna y, al amanecer, como judío errante irrumpir en una nueva etapa de la vida?

En contraste con su heroico viaje, pensaba yo, era necesario un nuevo enfoque no sólo para demostrar por una parte la fuerza de la voluntad sino también la importancia del héroe y su crecimiento moral que era en el sentido práctico de la vida lo único que podía convertirlo en un ejemplo digno de imitarse.

-Hay que devolverle a la historia, su sueño-, le dije.

¿Volver a recopilarlo todo? Me preguntó asombrado.

-Más que eso, volver a vivirlo y para ello ni siquiera importa la edad, a pesar de que hace medio siglo que usted atravesó los once paises-, le recordé.

-Diez, para ser exactos, incluyendo Canadá-.

-Está equivocado. Son once, incluyéndolo a usted: Israel Valderrama, tesón y resistencia, todo un país de vivencias, exploraciones y fantasías que encantará y asombrará a muchos, me permití aclararle.

El ciclista se mostró confuso.

-La verdad es que su viaje no termina en el Jamboree de Niagara; todo lo contrario, es allí donde comienza. Es a lo que me refiero cuando hablo de devolverle al libro su sueño. Es como redescubrirlo a partir de una nueva perspectiva y esa nueva perspectiva, tan solo puede ser usted mismo-. Le dije. Y como para no dejar duda de ello, le pregunté:

¿Sigue siendo usted, un scout?

¡Desde el primer momento y hasta mi muerte! Expresó con increíble convicción en sus palabras.

Era lo que yo esperaba oír, para de una vez decirle:

-Entonces, es la hora de recoger todos los papeles y devolverles su ilusión; porque si detrás de la bicicleta, en el sótano, aún dormita la aventura, es en la intimidad de su propio espíritu donde lo espera el relato-.

Esa misma semana, inicié la narración que para mí equivalía comenzar a recobrar el tiempo y las experiencias vividas por Israel Valderrama. Y para poder meterme dentro de su propia piel, decidí escribir la crónica en primera persona.

Tres meses después, terminando el año, regresé a su casa.

En la misma estantería, en el tercer entrepaño y confundidos entre los libros, habían quedado para su archivo, las páginas mimeografiadas que hablaban de los 9 meses con 12 días de su intenso pedaleo.

En un extremo de su escritorio, al lado de un computador, la nueva obra, a manera de crónica literaria, estaba lista para su publicación bajo el tíltulo de: PIERNAS DE ACERO.

Más aún, Israel Valderrama, el viejo scout, explorador y ciclista implacable, en medio de su intimidad familiar, amigos y visitantes, se había convertido en el abuelo que contaba la leyenda de su completo e increíble viaje cruzando las Américas por etapas, al Jamboree de Niagara -on- the- Lake, en bicicleta.

Omar Adolfo Arango
Burlington, On. CANADA
Diciembre 2005

ETAPA UNO

"Antes de que me apasionara por mujer alguna,
Jugué mi corazón al azar y me lo ganó la violencia."
José Eustasio Rivera
La Vorágine

Yo también jugué mi corazón al azar pero me lo ganó la aventura. Todo sucedió en julio de 1954, en los ardores de mis 20 años, siendo yo un scout del grupo que conformaba la patrulla de las Águilas Rojas, del Colegio Bolivariano de Medellín.

Aquella tarde en que nuestro guía de tropa nos leyó la invitación que corría por todos los rincones scout del mundo convocando al gran Jamboree de Niagara-on-the-Lake, en la Provincia de Ontario, Canadá, yo sentí la curiosidad que necesariamente tenía que experimentar.

Primero, porque no tenía una idea muy clara de lo que era un Jamboree y tampoco podía imaginarme, en ese momento, la ubicación geográfica de Niagara-on-the- Lake, o sea, el sitio de reunión.

Despejadas mis dudas, comencé por agregar al evento la palabra internacional, ya que el Jamboree tenía el espíritu de reunir el mayor número de scouts de todo el mundo, sin distinción de origen, raza, credo o lengua. Hasta aquí, mi viaje estaba asegurado; pero al confirmar sobre un mapa de América, la ubicación geográfica de Canadá, quedé absolutamente decepcionado. Estaba demasiado lejos, en zona limítrofe con Alaska, los Grandes Lagos, y podía verse sobre el mapamundi la proximidad tan palpable al Polo Norte.

"Esto es para niños ricos", pensé.

Pasaron los días y, al final, tan sólo una cosa tenía bien clara: el presupuesto para efectuar el viaje, incluso en términos de austeridad, era superior a mis posibilidades económicas.

Sin sospecharlo, aquella invitación había sumido mi rutina diaria en las más absoluta incertidumbre.

Tuvo que haber sido mi obsesión por este viaje, lo que me llevó a hacer un recuento de mi situación, algo así de lo que era mi vida por aquella época.

Recuerdo muy bien que no obstante mi juventud, los amigos ocasionales y mis compañeros de escultismo, me sentía extrañamente solo, sin ningún relativo o familia. Por esa razón, para mí fue muy fácil comprender que era mi orfandad lo que irremediablemente me sumía en la soledad.

Mi pobre madre había muerto de parto de mi único hermano a los 26 años de edad, cuando yo sólo tenía 12 y a mi padre, escasamente lo recuerdo porque también lo perdí en mi infancia. Y aunque no quiero ser objeto de lástima, tengo que confesar que al cumplir mis 15 años, también murió mi hermano a la corta edad de 7 meses; y como no recuerdo haber conocido familiares o parientes, me tocó sobrevivir como un huérfano en todo el sentido de la palabra.

Para mí, sobrevivir, significaba un día de escuela y otro de "rebusque", que era como decir trabajo. Por suerte, El Carmen, la pequeña provincia de Santander del Norte, en Colombia, por aquel entonces, era para mí, más que un paraíso. Todos me conocían como el hijo de Guillermina, la joven viuda y, quizás por su memoria, yo sentía en cada uno de mis vecinos el calor del hogar, la mano generosa y tendida que a cambio de hacer un mandado o prestar un servicio, me ofrecían ropa, vivienda y alimento.

Poco a poco, fui aprendiendo a trabajar; inicialmente, como aprendiz de carpintero pero fue mi vocación aventurera lo que me llevó a convertirme en ayudante de camión para así dejar el pueblito donde había crecido y comenzar a viajar por toda la Costa Norte del país: Barranquilla, Santa Marta, Cartagena, Montería, en fin, muchos pueblos y ciudades.

Por supuesto, que en este ambiente de transportadores, nadie escapaba al apodo o sobrenombre por lo que comencé a ser muy conocido por el mote de "el palillo barranquillero", tal vez por lo flaco que era.

Como Baranquilla, por la época, se había convertido en el puerto colombiano más importante sobre el mar Atlántico, resolví dejar el camión, no sólo para establecerme allí y mejorar económicamente, sino también buscando la oportunidad de volver a la escuela.

Fue por aquel tiempo y en esta ciudad, al cumplir mis 19 años, que me enrolé en el escultismo. Casi coincidiendo con esta nueva etapa de mi vida, decidí dejar la Costa Atlántica para irme a Medellín, la capital Antioqueña, en busca de fortuna.

!Qué hermoso era el Medellín de los años cincuenta! No era más que un pueblo grande, desbordado en clima primaveral y lleno de gente buena, industriosa, trabajadora. No se conocían los vicios y negocios que muchos años después la convertirían en una de las ciudades más inseguras del mundo, al ritmo de su crecimiento urbanístico y desarrollo industrial.

Y si yo había llegado en su mejor época, tenía que aprovechar y rápidamente contacté en uno de los colegios de la ciudad a la patrulla de las Águilas Rojas que me acogieron con solidaridad y entusiasmo de exploradores.

En la capital paisa, me desempeñé en diferentes actividades y al ritmo de la ciudad, comencé a crecer con ella. Como un abanico de oportunidades, se abría para mí, una nueva vida.

El creciente y hermoso Medellín de los años cincuenta me había fascinado; sus flores, su clima, sus gentes, eran un canto a la vida y dentro de este entusiasmo contaba mi destino, ya que yo comenzaba a salir de la adolescencia y me estaba haciendo hombre en todo el sentido de la palabra.

Por otro lado, mis acitividades como scout en la región, habían atemperado en mí un sólido carácter y una buena disciplina; vivia, o mejor atravesaba por una etapa decisiva de mi formación y educación personal que si no era la mejor, al menos me había llevado a distinguir con claridad el bien del mal, la justicia de la injusticia; en fin, todos aquellos predicamentos a los cuales tiene uno que enfrentarse en la vida y que es necesario evaluar, cuando uno busca una imagen, una recia personalidad y sobre todo aclarar el objetivo de la existencia.

Pero si el destino me había preparado para elegir la vida sencilla, sin compromisos pasionales ni políticos, y mas bien, buscando ser útil, también tuve la fortuna de encontrar un rincón scout, donde aprendí la sabiduría de la naturaleza explorando sus montañas, ríos, valles, y aceptar los misterios insondables de la tierra.

A través de los principios de Baden Powell asimilé rápidamente las cosas inexplicables de la vida misma. Muchas veces vi que si sembraba una pepita de maíz, confiando en las leyes mismas de la naturaleza, en su debido tiempo aparecería la espiga y eventualmente su mazorca. Presumiblemente, el ser scout, me llevaba a comprender mejor el funcionamiento del mundo que no me era visible, ese mundo que para mí aparecía más allá, pero que a través de mis principios de explorador, yo había aprendido a respetar y sobre todo a conservar.

Ahora bien, si yo a nivel personal estaba preparado para el progreso en medio de un ambiente cada día más promisorio, sería mi vida sumada a mi destino la que tomaría otro rumbo.

Aquella tarde de 1954, con los papeles de invitación del Jamboree internacional en las manos, yo estaba ante una disyuntiva: continuaba mi vida en Medellín, al ritmo de un evidente progreso o nuevamente mi espíritu de búsqueda cobraría su fácil presa.

Y así sucedió, porque fue la fecha en que jugué mi corazón al azar y me lo ganó la aventura.

Y dicha empresa, repito, comenzó para mí, el 7 de agosto de 1954, fecha en que por celebrarse el día de la Batalla de Boyacá, el país entero se vestía de fiesta.

En Medellín, desde muy temprano, comenzaban a darse celebraciones que usualmente iniciaban con misas y retretas militares que eran una función de música al aire libre.

En la Avenida Colombia, arteria central de la ciudad, comenzaban a entrar los diferentes grupos de bandas de guerra conformados por estudiantes de escuelas y colegios.

Al frente, marchaban los bastoneros haciendo malabares con la batuta con una destreza tal que impresionaban; seguíanle grupos de tamboreros, guiados por un tambor mayor o redoblante y, al final, un segundo grupo de cornetas le daba al desfile un aire marcial.

En mi bicicleta y luciendo los vestidos e insignias que me destacaban como un scout, aproveché el alborozo y la fiesta de la gente para iniciar mi marcha y aunque las celebraciones no tenían que ver absolutamente nada con mi maratón a pedal, a mi salida, yo me sentía ovacionado por el público y de hecho muchos lo hicieron como una muestra de apoyo al enterarse de mi aventura. Poco a poco, fui dejando atrás las calles por donde pasaba el desfile y gracias que se cumplía el aniversario de esta importante efemérides para el país, las calles estaban realmente descongestionadas de tráfico vehicular.

Por el oriente del Valle de Aburrá, sobre la Cordillera de Santa Elena, un sol brillante comenzaba a abrir una hermosa mañana; un día más, que para mí, significaba el principio de un serio desafío. Por fortuna, mis músculos estaban mejor que nunca e incentivado por mi propia fortaleza física, partí como un bólido por la Calle Colombia para descender a la ruta de Robledo camino al Boquerón. Ya sobre la Avenida Colombia con Junín, abandoné ésta, continuando al puente del mismo nombre para luego llegar hasta la Facultad de Minas de la Universidad Nacional, donde iniciaría un duro ascenso.

El peso de mi vieja bicicleta de turismo, más la carga adicional de mi equipaje, constituyeron para mí una fuerte prueba en el momento de trepar; tan ardua y pesada, que comencé a acariciar la idea de deshacerme de la mitad de mis enseres personales.

¡Qué dura fue esa primera trepada! Pero no eché pie atrás; todo lo contrario, a 100 metros del Boquerón, me apuntalé en los pedales y, aunque despaciosamente, coroné la cima de la cordillera. Ya en la punta de la montaña, con el sol en las espaldas, divisé el hermoso Valle de Aburrá y en la lejanía en medio de un aire tibio y despejado, Medellín quedaba atrás, en mis recuerdos.

En el Boquerón, descansé un poco; bebí agua de mi cantimplora scout y me preparé para iniciar el descenso. Por suerte, mi bicicleta estaba bien equipada de frenos de contrapedal y de mano, pues era tan montañosa la zona que, a lado y lado, me esperaban precipicios, abismos insondables y como la carretera, por esa época, era totalmente destapada, el peligro de las piedras y la arena era inminente.

Recuerdo que fue una descenso agradable, placentero, descansado y, gracias al peso de mi bicicleta de turismo, resultó más seguro de lo que parecía.

Ya en la parte final de mi descenso, en el plan donde iniciaba el Valle del Río Cauca, nuevamente experimenté un suave pedaleo y registré con alegría que entraba a San Jerónimo, un pueblito casi perdido en la carretera.

Hice una pequeña estación en la plazoleta del pueblo y como la gente salía de misa, llamé muchísimo la atención sobre todo de los niños que corrieron a rodearme haciéndome preguntas.

Daba la envergadura de mi viaje, esta región hubiera pasado para mí inadvertida de no haber sido por algo absolutamente insólito e increíble.

Apenas comenzaba yo a salir del pueblo cuando al retomar nuevamente la via, observé que dos camioneros que viajaban a prudente distancia uno del otro, tiraban sus camiones a un lado de la carretera como esquivando algo. De repente, ante mí, a una distancia, qué se yo, de 70 metros o más, vi que disparado y en via contraria, venía un corpulento toro cebú, negro, tirando a pardo, resoplando humo por las narices. Tal vez fue el susto tan espantoso lo que me llevó a tirarme de la bicicleta y correr hasta saltar un cerco de alambre de púas que separaba el potrero de la via. El bruto enfurecido, alcanzó a enganchar mi bicicleta por los cuernos y la elevó tan alto que pensé que caería en pedazos; más atrás, se veían parar carros a medida que el animal en su desesperación los embestía o esquivaba hasta que transpasando uno de los cercos, fue a perderse en una finca vecina.

Nadie daba crédito de lo que pasaba; todo el mundo se había paralizado impresionado con el incidente y se comentaba que, por suerte, se había desviado del camino a San Jerónimo.

Pasado el susto, recogí mi bicicleta y tan sólo tuve que enderezarle la dirección, pues a pesar del impacto sobre el piso estaba intacta; y yo mismo, al observar la altura del cerco, me asombré de la agilidad con que lo había saltado.

Más adelante encontré la respuesta al suceso. El toro se había escapado de un camión F8, marca Ford, que se había varado en la carretera y venía destino al matadero de Medellín.

ETAPA DOS

En Antioquia Vieja, el Caimán tenía buenos amigos

¡Palillo, palillo! Escuché que me gritaban desde un camión, pero yo seguí pedaleando concentrado en mi marcha. ¡Palillo barranquillero!, insistió la voz, cuando vi que se detenía adelante.

-Qué hubo cuadro, ya no conocé lo amigu-, vociferó al punto que se bajaba a saludarme.

Solo entonces, me di cuenta que se trataba del Caimán, un camionero barranquillero para el cual había yo trabajado como ayudante en la Costa Atlántica.

-Mirá no más donde me encuentro al palillo. ¿Y tú que haces chico trepado en zipote bicicleta? Me dijo, al acercarse.

-Bueno, voy de viaje-, le contesté. Buscando no ser muy explícito.

¡Si vas pa Sopetrán, súbete y ganas tiempo!

-El problema es que voy para el Canadá, más allá de Los Estados Unidos y en bicicleta-, le aclaré.

¡Mielda, tú estás loco!

Estuvimos hablando y cuando se convenció de que mi viaje era en serio por la cantidad de mapas que le mostré, las rutas que debía seguir y las insignias que portaba mi bicicleta, se mostró impresionado pero de hecho me alentó en mi viaje.

-Cuadro, te espero en Antioquia-, me dijo refiriéndose a Antioquia Vieja, la antigua capital del Departamento, reliquia sagrada de los antioqueños y cuna de la raza. Y en el momento que se subió a su camión, me advirtió:

¡Ojo con los frenos!

Realmente, descendíamos por una carretera llena de curvas, en picada, y el mal uso de los frenos podía fácilmente ocasionar una vuelta de campana; no obstante, el contrapedal de mi bicicleta era para mi un excelente recurso en estos casos. Así que, descolgando al ritmo que daba la bicicleta y contrarrestando con los pedales, en tres horas más, pasé por Sopetrán donde me detuve en una panadería a tomarme una reconfortante postrera de leche pura con tres cucas y a recargar mi cantimplora de agua.

En este trayecto, la carretera, aunque destapada, no estaba tan mal; además la idea de que me acercaba a la antigua capital del Departamento y un amigo a la espera, era para mí un buen incentivo.

Reactivados mis músculos, emprendí la marcha; aunque el mecato que había consumido no era la comida ideal, al menos era liviana y lo más importante, no me producía sueño. Descansado y pedaleando a ritmo de una carretera en su totalidad en bajada, en unas cuantas horas más, tenía calculado llegar a mi meta.

Entrando a una planicie, lo cual me indicaba mi proximidad al río Cauca, divisé a lo lejos las torres del viejo puente que comunicaba a la antigua capital con la región.

Era una estructura de hierro, con tendido de cables en acero y torres de cemento. El típico puente orgullo de la ingeniería paisa que por un tendido de tablas de increíble resistencia, daba paso no sólo a mulas y arrieros sino también a todo tipo de vehículos y camiones.

Al pasar el puente, me encontré con un ligero ascenso hacia la población y tengo que reconocer que mi ansiedad por llegar al centro de la plaza, terminó por pararme en los pedales.

Unos kilómetros más adelante, estaba entrando a la ciudad; eran alrededor de las seis de la tarde y todavia se sentía el movimiento en la Calle Real, que era como la via no sólo de acceso a la plaza mayor sino también de comercio.

Una cuadra antes de entrar a la plaza principal, escuché el ruido de una banda pelleja o papayera tocando una música que solamente había escuchado en los circos, y observé que alguna gente estaba organizada como en un ambiente de fiesta.

Eran unos pocos integrantes de un club ciclista que habían salido a recibirme: el Alcalde, la reina del pueblo y, por supuesto, el promotor de la bienvenida, mi amigo el Caimán.

¿Bueno, te dije que te esperaría en Antioquia Vieja, no?..., y como aquí el Caimán tiene buenos amigos, ya tú ves.

En el momento de que la reina me entregó un cartucho de flores cubiertas por un papel cristal, me sentí igual que el escarabajo de la montaña, Ramón Hoyos Vallejo, o como el indomable zipa, Efraín Forero Triviño, que por la época hacían historia en las primeras vueltas a Colombia en bicicleta. Acto seguido, el señor Alcalde hizo un elogio verbal de mi propósito de atravesar las Américas, poniéndome ante los demás jóvenes deportistas allí presentes, como ejemplo de tesón, perseverancia y disciplina.

"Jóvenes deportistas como Israel Valderrama, son nuestros mejores embajadores ante cualquier nación o pueblo", dijo, dándome la mano en señal de bienvenida. De paso, la señorita allí presente me obsequió con un beso en la mejilla al punto que me entregaba el ramo. Después, todos me felicitaron y la papayera rompió nuevamente con un ritmo de fiesta.

Antioquia Vieja, llamada así, por ser la primera capital del Departamento del mismo nombre, aunque se perfilaba como una ciudad de ancestro y tradición, tenía el alma grande y hospitalaria de los pueblos de Antioquia. En ella, tuvo su sede el gobierno del dictador Juan del Corral, quien según la historia, fue quien abolió la esclavitud ordenando la liberación de los esclavos en la época de la Colonia.

Aquella tarde fue para mí inolvidable, no tanto por el recibimiento que se me brindaba sino por la compensación moral que suscitó en mí. Me sentía apoyado, animado en mis propósitos y lo que era más importante, se me había puesto como ejemplo de vida, disciplina, dedicación, esfuerzo; y si esto, me complacía a nivel personal, a la altura del escultismo me daba una mayor satisfacción, porque el sueño de Baden Powell fue precisamente el hacer de jóvenes entusiastas y sanos, verdaderos líderes para la vida con una conciencia más profunda y práctica.

Esa noche no tuve que dormir en el Cuartel de los Bomberos, porque el Caimán pagó mi hospedaje en un hotel donde él acostumbraba pernoctar antes de regresarse a Medellín con nueva carga. Compartimos una suculenta cena y como él debía madrugarse a las tres de la mañana, nos despedimos después de evocar unos cuantos recuerdos.

Ya en mi cuarto, extendí mi mapa Esso de la República de Colombia y pude constatar que la línea en negrilla, tan solo llegaba hasta Antioquia Vieja; de ahí, en adelante, el trazo aparecía mucho más débil, lo que indicaba carretera de muy poco movimiento vehicular. Esto me hacía pensar inevitablemente, en el estado de la carretera.

Desperté mas bien temprano y me di cuenta que no iba a tener un día muy despejado; había llovido y tuve la tentación de quedarme un poco más en la cama a esperar que saliera el sol, pero recordé que por los cálculos que me había hecho mi amigo, tenía una jornada de nueve a diez horas de camino entre Antioquia Vieja y Dabeiba. Me levanté, tomé la ducha diaria, que para mí era mejor que cualquier desayuno y después de haber tomado un jugo de naranja lima, inicié la marcha.

En nuestros pueblos de los años cincuenta, la Calle Real, era tanto la via de entrada como de salida; no existían y tampoco se necesitaban las variantes que nacieron, precisamente, paralelas al crecimiento de las ciudades. Así que por la misma via que entré, salí, sin bombos ni platillos, solamente con mi entusiasmo al hombro.

De Antioquia Vieja a Giraldo, un caserío, el descenso fue desastroso. Pinché tres veces en solo una hora, debído a la lluvia; como el agua bajaba lavando la carretera, quedaban las puntas de piedra al aire libre y, en el menor descuido, se me pinchaban las llantas.

En Giraldo, me detuve a desayunar y a esperar que se secara un poco la carretera. En el comedero que estacioné, un viejo con cara de jornalero fumaba un grueso tabaco y como yo inspeccionaba mi mapa para calcular la distancia al próximo pueblo, cometí el error de preguntarle:

¿Qué tiempo hay de aquí a Cañas Gordas?

El viejo hizo una pausa, se sacó el pucho de la boca y contestó:

-Lo que dura un tabaquito.

Ya nuevamente en la carretera, maldije la hora en que pensé que un tabaquito duraba por lo menos una hora. La carretera, aunque seca, no podía estar más desastrosa y en ciertos tramos era tan deplorable que tuve que cargar con mi bicicleta al hombro. "¡Un tabaquito!..., desgraciado viejo, todavia debe estar fumando"-, pensaba yo.

Al fin, después de tres horas y media, llegué a Cañas Gordas precisamente a almorzar.

Esta vez, preferí no preguntar nada; me limité a conversar con la gente, sobre todo con los niños que al ver mi bicicleta llena de emblemas y mi uniforme scout, volaban a acorralarme; y yo, educado en el espíritu del escultismo, sabía departir con la niñez y, en pocos minutos, lograba que sus ojos aterrados soñaran como propias , mis increíbles aventuras.

¿Oiga, entonces usté se saltó ese alambre de púas?

¡Claro, o si no me mata ese toro!

¿Y como cuántos países va a recorrer?

-De aquí a Marte-, decía yo, exagerando.

Como a las dos de la tarde, salí de Cañas Gordas. Afortunadamente, entré en una etapa descansada por un camino en buen estado y seco. Poco a poco, me fui acercando a una región muy hermosa aunque un poco abrupta y se sentía la frescura del aire. Estaba pasando por Cordillera del Viento, donde se sentía su soplo bramar.

Por primera vez, durante el largo trayecto, me sentí descansado; sin embargo, repetidas veces tuve la sensación de deshacerme de parte de mi pesado morral, que sobre la parrilla de mi bicicleta o sobre mi propia espalda, estaba terminando por doblegarme. Mi lastre, compuesto por ochenta libras de enseres personales más el peso de mi bicicleta, representaba una carga muy gravosa, de la cual, de alguna manera tenía que deshacerme.

Después de diez horas de fatigosa jornada, completamente extenuado y con los músculos adoloridos, entré a Dabeiba; por suerte, nadie me esperaba y finalmente pude alojarme, en el Cuartel de la Policía Nacional.

Al día siguiente, salí de Dabeida muy temprano en busca de las márgenes del Río Sucio que, más o menos, en el alto de los tres morros comenzaba a bordear la carretera.

La compañía del río cuando uno pedalea solitario por el camino, es muy significativa. No obstante, que sus aguas corrían cañón abajo estranguladas por dos cordilleras, a su paso se le sumaban muchas quebradas y podía sentirse el murmullo de la corriente, el canto de los pájaros y cada remanso del río lo invitaba a uno a darse un buen baño y descansar. Siempre deseché la idea de hacer un viaje contra reloj y quizás esto fue lo único que me mantuvo en forma, en el largo tiempo que duró mi viaje por las Américas.

En Mutatá, una pequeña población via a Turbo, comencé a dejar las orillas del Río Sucio ya que éste se abría aquí sobre la margen izquierda en busca del Río Atrato del cual es afluente.

A partir de Mutatá, la carretera comenzaba a empeorarse. Si hasta allí, podía calificarse de apenas transitable, era claro que tendría que abrirme paso a toda costa y casi que por un camino de herradura. De todas maneras, me encontré en el camino varias Chivas cargadas de pasajeros que en la parte alta transportaban racimos de plátanos, bananos, bultos con legumbres y por las rejillas de la parrilla del típico bus de las montañas de Antioquia, podían verse colgando y asomando sus picos y patas por entre los costales, las gallinas.

Según comentarios de los pocos transeúntes que me encontré en el camino, la carretera apenas estaba siendo trazada por el Ministerio de Obras Públicas lo que en cierta forma justificaba la ausencia total de señales de tránsito, razón por la cual, no tenía información alguna sobre la cantidad de kilómetros que debía recorrer. Fue en la práctica un viaje realizado a tientas y a locas, como a la expectativa de lo que encontrara más adelante en mi largo y penoso recorrido.

Si la carretera a lo largo del Río Sucio, no obstante la cantidad de curvas y pendientes, ofrecía al menos alguna distración por la variedad del paisaje y la profundidad de los cañones, de Mutatá a Micuro, una pequeña aldea donde encontré un aserradero, tan solo mostraba la monotonía de un terreno llano, cálido, en su mayor parte sembrado de matas de plátano y banano.

En la aldea de Micuro me detuve para descansar y revisar las llantas de mi bicicleta. Registré con alarma que la rueda trasera, quizás por el excesivo uso del contrapedal y de los frenos estaba a media vida. "¿Me llevará hasta Turbo?", me pregunté. Pero como no podía correr riesgos, pedalié en dirección de un aserradero que parecía el único negocio de valor en la región. Resultó ser de un paisano que trabajaba en madera y que desde hace algún tiempo se había organizado con mucho éxito en el negocio.

-Aquí está todo por hacer-, me dijo. Y cuando se dió cuenta de mi propósito de llegar hasta Canadá, comentó: -Para qué ir en busca de lo que no se ha perdido. Aquí es donde está la plata. Quédese, hombre, yo le doy trabajo-.

En mis circunstancias, era una oferta atractiva pero ya mi destino estaba decidido y mi resolución de seguir adelante se incentivó, aún más, cuando me contó que él había hecho un curso sobre el arte de beneficiar la madera en los Estados Unidos.

Sin embargo, el hombre me insistió y en forma muy hábil me preguntó:

¿Cuánto lleva en el bolsillo? Y antes de que yo contestara algo, completó: -Por mucho que lleve, unos dólares más no le van a sobrar.

¿Si me quedo unos días, me pagaría en dólares?

-Claro, pero no mínimo de dos semanas-.

Me quedé un mes. De esa forma aseguré veinticinco dólares americanos, casi que a un dolar por día, si tenía en cuenta los días de descanso.

En ese lapso, puse al día mi bicicleta de grasa, llantas nuevas, y todo como bonificación, gracias a la generosidad de mi empleador.

A la hora de continuar mi viaje, a mediados de septiembre, después de despedirme me aconsejó que hiciera una buena estación en El Palomar, donde había un comedero, una especie de Fonda Antioqueña donde podía disfrutar de la más deliciosa comida.

-Aproveche, hermano, porque de ahí en adelante, prepárese para aguantar hambre-. Y como justificando sus palabras, exclamó: ¡No se ve sino banano! Acto seguido, me regaló un billete de $5.oo pesos.

-Tóme paisanito, para que no gaste los dólares-, me dijo, golpeándome el hombro al punto que me despedía.

La carretera, como me lo habían advertido, no podía estar peor. Sin embargo, mi constante pedaleo y la pericia que había adquirido para hacerle frente a los caminos y trochas, por malos que fueran, no me hicieron retroceder. Cada que pedaleaba y caía en un nuevo hueco, pensaba que tenía que ser yo un verraco, de tiempo completo, para no sacar la mano en este desafío personal en que me había enfrascado y todo por cumplir mi anhelada meta: el Jamboree de Canadá.

¡Adelante explorador y con todos los cojones! Me repetía a mi mismo, cuando trataba de desfallecer. No niego que en ciertos momentos de fatiga, cansancio, y sobre todo cuando pinchaban las ruedas de mi bicicleta, se me humedecían los ojos por la rabia y, hasta en la intimidad de mi propia soledad, lloré como un niño. Pero eran lágrimas de hombre, combinadas con sudor y sabor a sal.

Cuatro horas después, llegué a El Palomar. Era un pequeño caserío donde nada tenía importancia, aparte del comedero o Posada Antioqueña que a borde de carretera se convertía en el paradero obligado de motoristas y transeúntes.

Al entrar al salón que servia de comedor, confieso que me sentí en el centro de todas las miradas , pues en aquellas regiones casi que selváticas era muy raro ver un scout con todos sus arreos e insignias.

Mi uniforme, consistente en una montera o quepis de color verde con las insignias universales del escultismo; pantalón corto y camisa caqui sobriamente combinados con una pañoleta de un verde menos intenso y mi cuchillo alemán al cinto, me daban cierto aire de autoridad y de todas maneras traducía ante los presentes cierto orden jerárquico.

Al sentarme, observé que habían alrededor de diez comensales, todos ellos, motoristas en tránsito que usualmente transportaban carga de banano hacia Medellín.

En pocos minutos, un corrillo de niños miraban asombrados los arreos de mi bicicleta y sentían especial curiosidad por conocer la razón por la cual llevaba izada la bandera, amarilla, azul y roja o tricolor nacional, en la parte delantera.

-Es que por los paises que cruce, voy como embajador de la patria-, les dije desde mi asiento. Los niños se miraron entre sí y se echaron a reír como si hubiera dicho algo gracioso; me levanté invitándolos a que se acercaran y fue así que uno de ellos me aclaró que no sabían lo que era un embajador.

-Es como una persona que lleva un mensaje-, les expliqué; pero nuevamente se echaron a reir.

¡Estos muchachos se ríen por todo! Dijo una señora alta, gorda y muy buena moza. ¡Qué tontos! Terminó.

Fue como si nuevamente, les hicieran cosquillas.

-¿Qué desea comer, mi don?, me dijo, olvidándose de los chiquillos y añadió: tenemos sancocho de gallina, espinazo de marrano, mondongo o bandeja paisa, todo eso con mazamorra y panela de sobremesa. ¿Qué le provoca? Repitió.

A mi lado, en la mesa de enseguida, un camionero comía concentrado, fríjoles, arroz, carne molida, chicharrón, tajadas de platano maduro, ensalada, arepas y aguacate. Al ver que yo parecía devorarlo todo con la mirada, la mujer me preguntó:

¿Una bandejita paisa?

¡si! Contesté.

Observé que la mujer se perdía en el fondo de la cocina y al poco rato reaparecía con la bandeja repleta de comida.

¡Oiga, como es eso, que usted va pa' tan lejos en esa bicicleta! Exclamó asombrada al punto que me servia en la mesa. -Eh, Ave María, yo no le creo-, dijo y dirigiéndose a una de las cocineras, ordenó:

-Oí Luzmila, llamá las muchachas pa' que lo conozcan-. Y volviéndose sobre mí, completó: ¡Eh, Ave María, yo estoy aterrada!

¡Niñas que vengan a conocer a un señor!

¿Quién es, Luzmila? Preguntó una voz.

¡Ah, y yo sé pues!..., pero parece uno de la policía.

-Niña, como sos de montañera..., ¡cómo que un policía! Le reprochó la mujer que me servia y dirigiéndose a mí se excusó: Ay, qué pena con usté señor embajador.

-No, no se preocupe, en realidad este es un uniforme como de cualquier policía o soldado.

-No es eso, es que esos chulavitas que a veces bajan por aquí, son tan malos, que ni le digo-, dijo refiriéndose a una clase de policía, que en la época del presidente conservador Laureano Gómez, había sido reclutada precisamente por méritos criminales para reprimir las chusmas liberales.

Dos hermosas muchachas, casi rubias, aparecieron a curiosear mi bicicleta y me miraban como a un espanto.

¡Usté es el señor que va dizque pa' Estados Unidos y en esa bicicleta! Exclamó la más extrovertida.

-Para Canadá, exactamente-, contesté.

-Eh, ave maría, usté si es muy guapo-. Y dirigiéndose a la hermana comentó: si oíste, Tránsito..., ¡qué machera!

Eran unas muchachas grandotas de ojos glaucos y divinos. Por lo que no resistí y les pregunté:

¿Ustedes son de por acá?

-No señor, nosotras somos de Jardín-, interrumpió la mamá.

-Ah, pues con razón: todo mundo dice que las jardileñas son las mujeres más lindas de Antioquia; y para muestra, un botón-, dije para que apareciera como un cumplido.

En pocos minutos, me había convertido en el centro de la conversación. Los mismos camioneros, desde sus asientos, me hicieron preguntas y de paso me advirtieron que hasta Turbo, ni siquiera había carretera.

-Cuando calcule que se está aproximando al Golfo de Urabá, pregunte por el hospital; es a la única parte que se puede llegar-, me dijeron.

¿Y cómo me doy cuenta?

-Se dará cuenta, porque el calor es tan bravo y húmedo, que se le pega a uno la camisa sobre la piel-, explicó uno de ellos.

¡Pero coma, señor, que se le va a enfríar la comida! Me recordó la hostelera.

Efectivamente, al terminar mi sobremesa de mazamorra con panela, solicité permiso para hacer la siesta en una hamaca que colgaba en el corredor y de paso pedí la cuenta.

¡Es toda suya! Exclamó la señora refiriéndose a la hamaca, y completó: ahí descansan los motoristas; y por la cuenta, no faltaba más, no me debe nada. Todo lo contrario, perdone usté la mala atención.

Confieso que me sentí profundamente agradecido y hasta apenado.

Media hora después, cuando sentí que había digerido la comida, me preparé para continuar la marcha. En deuda por la gentileza de la casa, pasé a despedirme y mayor fue mi sorpresa cuando la mujer sacó un atado de panela envuelta en hoja de plátano y me la entregó, diciéndome: -Llévese esta panelita pal' camino.

Me sentí tan halagado, que inmediatamente le metí el diente como dispuesto a seguir su consejo.

-Usté como que tiene más dientes que una pelea de perros-, dijo una de las cocineras y las demás celebraron con risas al constatar que con una sonrisa de oreja a oreja, yo aceptaba el cumplido.

Totalmente recuperado reinicié mi viaje dispuesto a quemar la etapa en unas cuatro o cinco horas de recorrido parejo y manteniendo una misma velocidad. El mantener el ritmo, me permitía evitar los calambres y de hecho sentía mucho alivio cuando de repente me encontraba con un terreno abrupto y de difícil acceso. A lado y lado de la carretera, las sementeras de banano aumentaban a medida que me iba acercando a Chigorodó, un pueblito intermedio levantado en casitas de madera con techos de hojas de zinc. Era muy común que los campesinos, diseminados a lado y lado de la via, cultivaran, como decían ellos, una "gurrerita", para apenas sobrevivir y sembrar allí platanitos, matas de cacao y la tradicional sementera de maíz para el sustento de los hijos; pero en casos muy aislados, también encontré dos o tres fincas que aprovechando la humedad del terreno, se dedicaban al cultivo del arroz.

Pasadas unas tres horas, comencé a entrar en lo que es hoy la Zona Bananera, que por aquellos años de los cincuenta apenas estaba en desarrollo y el banano en producción apenas satisfacía el mercado nacional. El calor aumentaba incesantemente y a pesar de que mantenía la cadencia de la marcha, ya comenzaba a pegárseme como una sanguijuela, la ropa.

A lo largo del camino comencé a atisbar el mismo tipo de viviendas que había dejado atrás, con la diferencia que las casas tenían techo de paja y las paraban sobre zancos de mangle seguramente por la proximidad a las costas del mar.

"No estoy muy lejos del Golfo de Urabá", pensé para mis adentros y pude corroborarlo por el tipo de habitante que poblaba la zona en su mayoría gentes de color, morenos, mas bien delgados y altos, de una piel de ébano amarillosa. La gran mayoría lucían sombreros blancos y se les veía trabajar al sol, machete en mano, sin camisa.

En la via, entre Apartadó y Río Grande, las dos poblaciones dignas de mencionar después de pasar por Chirigodó, me metí por un caminito hacia un rancho con cara de tienda rural, a comprar una gaseosa; como siempre, unos niños salieron disparados a mi encuentro escasamente vestidos de pantaloneta negra con el ombligo afuera. Igual que todos los muchachos, me asediaron con preguntas y el más avispado del grupo, al ver mi fina Monarch cubierta por el polvo y la tierra, me ofreció a cambio de cinco centavos, lavar mi bicicleta.

-Lávala, le dije, aclarándole: pero no me le eches agua a la trinquetera.

Como parece que tenía socios en el negocio, todos le metieron la mano y, a lo último, me empaparon de agua no solo la trinquetera sino también el galápago. Pero me la dejaron como nueva.

-Partan la marrana-, les dije cuando les pagué en vez de cinco, diez centavos. Salieron saltando y dando brincos de la dicha.

Esta región del país, me pareció increíblemente hermosa y rica. Daba la sensación de estar recorriendo la región de los Llanos Orientales, por la variedad de un paisaje abierto, caliente y muy fértil de pastos.

A lado y lado de la carretera, era impresionante la riqueza ganadera, sobre todo de ganado Cebú y Oreji Negro, que eran las razas más comunes por la época, sobre todo en los departamentos de Antioquia, Caldas y Chocó.

A medida que avanzaba sobre la zona del Golfo de Urabá, comenzaban a incrementarse los plantíos de banano y aunque la carretera no mejoraba sustancialmente, daba la impresión que el gobierno ya comenzaba a darse cuenta de este importante polo de desarrollo para el país y, prueba de esto, me pareció una valla que anunciaba programas de desarrollo vial por el gobierno de turno.

Efectivamente, más adelante me encontré con un campamento de trabajadores que con picos y palas estaban arreglando la carretera; un maestro de obra me aconsejó no seguir adelante y al ver mi bicicleta tan limpia e impecable, me alertó: ¡Se le va a desbaratar!

Miré hasta donde me alcanzaba la vista y no vi sino pantano.

¿Qué tramo de la carretera, continúa así? Le pregunté.

-Unos tres kilómetros-, contestó.

Los trabajadores pararon el trabajo y se pusieron a mirarme como a esperar mi decisón; pero yo no tenía alternativa.

-Ahora me toca a mí cargar con ella-, comenté y echándole mano a mi cicla la cargué en mis espaldas.

¡Yo de uté me quitaría las quimbas! Exclamó uno de los trabajadores con su acento costeño.

-Mielda, un cachaco a jarrete limpio..., ¡ni que tuviera loco! Interfirió el compañero.

Finalmente, decidí meter mis botines entre el pantano, antes que ver mi bicicleta nuevamente enlodada y llena de barro.

Seguramente, el cambio de rutina me hizo sentir mas bien alivio que agotamiento, al caminar casi por cuatro kilómetros de carretera en construcción . Si mal no recuerdo, gasté alrededor de una hora pasando este tramo de la carretera hasta que llegué nuevamente a un punto donde se reiniciaba la via. Sobre el suelo comencé a encontrar, diseminados por todas partes, tronquitos de madera húmedos, podridos, y conchitas de mar sobre una superficie de terreno muy arenosa. En el momento, que sentí que las llantas de mi bicicleta se enterraban en la arena y que el aire transpiraba un irresistible olor a mar, me di cuenta que al fin, estaba a las puertas del Golfo de Urabá.

A lo lejos se veían mecerse con el viento las palmas de coco y uno que otro árbol frondoso pero al fondo en la inmensida del azul, el verde mar.

En el camino, encontré unas mujeres que cargaban sobre sus cabezas unas bateas de madera con racimos de chontaduro; a ellas, les pedí orientación sobre el hospital de que me habían hablado los motoristas en la Fonda Antioqueña y me señalaron una edificación más o menos cerca, identificándola como el Centro de Salud, el único foco de acopio humano en aquel lugar.

-Depué de eso, cachaco, lo único que encontrá es Turbo-, dijo una de ellas.

De tal suerte, me dirigí al sitio. Se trataba de un centro de salud rural donde fui amablemente acogido después de solicitar, incondicionalmente, posada o albergue. Como hacía un calor infernal y yo estaba ciertamente molido por el viaje, aproveché la proximidad a la playa y me metí al mar.

El lugar era tan bello y rústico que me hubiera quedado fácilmente una semana, de no haber sido por un letrero que me encontré en letras mayúsculas y enmarcado, en una de las paredes, al entrar: "El huésped es como el pescado, que despues de tres dias, huele a feo".

De todas maneras, permanecí allí dos días muy agradables y descansados; pero cuando quise continuar mi camino, me encontré que el resto de la carretera a Turbo apenas estaba en proyecto y que para llegar a la población debía tomar una canoa bordeando la costa; esa misma tarde, unos canoeros me llevaron, cediéndome un huequito entre los racimos de plátano y banano.

Mi bicicleta, atravesada como un remo sobre la canoa, una vez más a pesar de las dificultades, me acompañó en mi viaje.

No me imaginaba a Turbo, por eso, cuando desembarqué quedé impresionado con la rusticidad del lugar y me dió la impresión que allí el comercio se limitaba a la compra y venta de racimos de banano, bultos de yuca, maíz, y troncos de mangle; en cambio, se veían llegar pequeñas embarcaciones cargadas de pescado fresco que era esperado por unas negras altas y corpulentas a las cuales se les vendía a razón de cincuenta centavos por batea. Según contaba uno de los remeros, cada una de ellas llegaba a juntar hasta tres pesos revendiendo el producto.

Como la población tan sólo era un corregimiento, me tocó buscar a falta de un alcalde, al Señor Corregidor ante quien me presenté.

¿Viene del interior? Me preguntó.

-Sí, señor, de Medellín-.

¡Coño, pero no tiene acento de cachaco!

-Bueno, vivi mucho tiempo en Barranquilla; ya usted, sabe-, le contesté.

-Caray, no hace una hora que llegó y ya todo mundo sabe que va pa' Alaska-.

-Casi- comenté, sin exagerar.

Lo recuerdo como un tipo muy amable, bromista y generoso; al informarme que el único medio de comunicación posible para salir de allí sin obstáculos era una avioneta, me advirtió que no me alarmara si no traía dinero para pagar el pasaje.

-Vale quince barras-, me dijo y añadió: pero no se preocupe, aquí se los recogemos, con tal de que se vaya-.

Yo lo miré, un poco desconcertado; pero él, de inmediato, soltó una carcajada y haciendo una pausa, completó:

-No me haga caso, paisano, aquí no hay mucho qué hacer y nos gusta mamar gallo-.

¿Y la avioneta me saca hasta Panamá? Pregunté con cierta ilusión.

-Sólo hasta Acandí, casi que el último caserío colombiano en esta región. De ahí, en adelante, usted verá como se las arregla para llegar a Panamá; pero le aseguro que allá se encontrará con algunos paisanos-, dijo.

Efectivamente, al día siguiente, me tocó desbaratar la bicicleta para poderla incluir en el viaje sobrevolando la manigua; aunque la avioneta cumplía un viaje de rutina transportando medicinas y muestras de laboratorio, el piloto no tuvo problema en incorporarme de gratis en su vuelo.

-Porque sé lo que significa su aventura, le llevo esa bicicleta-, me advirtió, y de hecho que con una sonrisa de satisfación, le demostré mi agradecimiento.

Después que atravesamos el Golfo de Urabá, desde el avioncito, me señaló el caserío.

-Ahí está- dijo, sin ningún entusiasmo en sus palabras pero acentuando:

¡Es un nido de antioqueños!

Y lo era, porque allí, de entrada, me encontré con unos misioneros de Yarumal y como el piloto de paso les comentó sobre mis planes, uno de ellos, de sotana blanca, barba negra y abundante, sin muchas vueltas, me ofreció:

-Si quiere, se puede ir con nosotros hasta Puerto Obaldía.

A pesar que no sabía de que me estaba hablando, acepté. Más tarde el piloto me explicó que se trataba del primer Puerto panameño que me encontraría en el camino, al cual se llegaba por lancha.

-Así que no se moleste en armar su bicicleta-, me aconsejó.

Sin embargo, antes de que atardeciera, me propuse visitar al Señor Alcalde de Acandí, pues el piloto me había dicho que a pesar de lo pequeño, era Municipio.

Resultó una persona muy deferente, de nombre Celestino Mosquera, y lo recuerdo porque su rúbrica aparece en mi álbum de firmas de funcionarios importantes que con su letra y sello dejaron constancia de mi paso por aquellos pueblos y ciudades. La nota aparece dada en la Alcaldía Municipal de Acandí, el 11 de septiembre de 1954.

Cayendo la tarde aparecieron unos trabajadores, entre ellos, dos arrieros de Concordia, en busca de un capitán. Tan sólo en el momento que les entregó una caja de aguardiente antioqueño, me di cuenta que se trataba del piloto.

-Llévelo a la Ramada- le dijeron, al punto que me señalaban con la mirada.

¡Si logro zafarlo de los curas! Exclamó el capitán.

A la hora de la cena, apareció el capitán a buscarme; y como a mí se me hacía la boca agua pensando en el aguardientico, salí a recibirlo.

¡Sígase, Capitán!, exclamó uno de los misioneros a mis espaldas. El Capitán entró.

-Gracias por las medicinas-, le comentó el Superior. Tenemos mucho problema de malaria y paludismo entre los indios de la región-, se quejó.

-Es con mucho gusto, Padre-, respondió el Capitán y comentó: como estoy de paso, vine a recoger al ciclista-. Y poniéndome una mano sobre el hombro, añadió: los paisas lo quieren saludar.

-Y si el Padre Silvio quiere acompañarlos..., insinuó el Superior.

-Con tal de que el Padre Garbiras nos acompañe con el violín-, comentó el aludido.

-No hay problema-, respondió el invitado.

Salimos y quedé sorprendido en la forma tan abierta que los misioneros respondían a cualquier insinuación o circunstancia.

Cuando llegamos a la Ramada, el más joven de los misioneros, dijo en un tono muy paisa: a nosotros no nos han invitado, pero tampoco nos han dicho que no.

-Eh, Ave María, pues, ni más faltaba; sigan a ver que nos alegra mucho la visita-, dijo uno de los arrieros y dirigiéndose a uno de los presentes, continuó: mirá, Toño, este es el señor de que hablaba.

-Y vos, pues, dizque muy pinchao pa' la porra y en bicicleta, ¿ah?..., contá a ver hombre…, ¡vos si sos muy verraco!, me dijo de entrada el aludido que por cierto me pareció de una familiaridad sorprendente.

-Cosas que se le meten a uno en la cabeza-, dije.

-Un momentico, eso, así a palo seco y en estas selvas, nos castiga mi Diosito. A ver, a tomar aguardientico, así nos podes meter todas las mentiras que querás-, dijo el arriero que me había invitado.

A mi no me quedó más remedio que aceptar sonriente.

Se sirvieron tinteros de aguardiente antioqueño y mayor fue mi sorpresa, al ver los misioneros que sacaban de la solapa de sus sotanas, sendos tabacos.

-Además del aguardiente, es lo único que espanta a los mosquitos-, dijo el cura del violín. E inició con una música tan alegre y rítmica que todos la acompasamos con las palmas de las manos.

En forma espontánea, después de haber bebido algún aguardiente, todos los presentes comenzaron a fumar cigarrillos pielroja, caribe y tabacos aún más baratos.

-Esta selva lo convierte a uno en un fumador empedernido-, confesó uno de los misioneros. -Y nadie se imagina por lo que tiene uno que pasar-. Y aprovechando la ocasión, nos contó que en una de tantas misiones le había tocado tomar leche materna de una india en época de lactancia.

-Y cómo decía que no, si para ellos era el signo más elocuente de hospitalidad-, afirmó.

-Eso no es nada, Padre, a uno como arriero que le toca toda la vida detrás de los pedos de una mula-, interrumpió Marcos Aguirre, un arriero de Sopetrán y todos se carcajearon.

¿A usté lo han asustao? Me preguntó de paso. Y antes de que pudiera contestarle, comenzó a inyectarme miedo.

-Cuidao que por aquí andan la Madremonte y el Jinete Negro; y es pa sostenélo-, me decía.

"Una vez, en una finca, poquitico oyí que rastrillaban las herraduras de una bestia y que abrían la puerta de tranca; creyí que era el patrón y sin miedo le grité:

¿Es vusté patrón, Don matías?

Naides me contestó; pero la bestia echó un resoplido y como un viento helao se echó pande yo..., y no tuve más conocimiento, porque me quedé como enyesao y sin poder con la respiración.

¡Qué susto tan verraco, hermano! Exclamó el arriero pero de inmediato, corrigió: ay, qué pena con ustedes Padrecitos-.

-Siente más pena una vaca cuando la ordeñan-, dijo otro de sus compañeros, al escuchar las disculpas del arriero.

Esa noche fue para mí inolvidable; y tan pronto como los

misioneros se fueron a dormir, se destaparon los arrieros. No obstante, sus leyendas fascinantes, la vida picaril erótica del arriero solo se traducía en las comparaciones con malicia, exageraciones vulgares, el verso fuertón, las coplas bien picantes y los chistes verdes.

¡A ver mano Toño, cuéntenos un cuentico de Cosiaca!

El arriero complacido rectificó:

-No, mejor les echo uno del Tío Conejo, como pa comenzar decentemente; oigan, pues:

"El tío conejo vió venir un día al tigre, y dijo. Ese tigre es tan grande pero tan güevón; a que lo jodo.

Entonces se puso a quebrar unos chascarraíces. Llegó el tigre y le dijo:

¿Vusté qué hace ahí, tío conejo?

-Tome tío tigre: ¡Pruebe!

Probó el tigre y dijo que si taban muy ricos. Le encantaron los corocitos.

-Y si los testículos míos, así tan chiquiticos, saben tan rico, como serán los suyos..., ¡tan grandotes! Dijo el conejo. ¿Por qué no probamos?

Al tigre le entró curiosidad y dijo que sí. Que entonces, ensayaran a ver.

El conejo de los más orondo, lo fue cuadrando bien sobre una piedra muy grande y con otra de quebrar corozos le dio duro en las güevas.

¡Y pega qué chillido el majadero!

El conejo salió en pura verraca y se metió al monte. El tigre apenas se tenía las pelotas revolcándose en el suelo y decía:

¡Vos me las pagas, desgraciado!, vos me las pagas, desgraciado!

La expectativa por los cuentos aumentó el tumulto y el murmullo al pie de los arrieros y los chistes verdes de Cosiaca, Quevedo, Pedro Rimales, venían de uno y otro lado con una sabiduria envidiable y popular. Tan sólo el descorche de una nueva botella de aguardiente de caña, el brindis, y las libaciones del caso, daban tregua a la picantería de aquellas mentes maliciosas por naturaleza.

Así pasé aquella primera noche en Acandí, la última población, cuando por esos lados se aleja uno de Antioquia.

Hoy, cincuenta años después, cada que revivo esa vieja aventura, es como si renovara esas antiguas meriendas de aire montañero, donde los bambuqueros echaban hacia atrás las ruanas para sacar a relucir los tiples y las guitarras.

ETAPA TRES

Hundimiento del Titanic
antes de llegar a Puerto Obaldía, el primer puerto panameño

Al día siguiente, todo estaba preparado para nuestra salida de Acandí hasta Puerto Obaldía. Tan solo tendríamos que esperar una lancha que traía algunos viveres para la población y, desde allí, después de echar gasolina, reiniciaría el viaje.

El hombre apareció a las cinco de la tarde, corriendo, porque según él, lo iba a coger la noche.

El Padre Superior que estaba de mal humor por la larga espera, ya que el arribo de la lancha se había anunciado para el mediodía, se tomó el tiempo que quiso para salir; en resumidas cuentas, estábamos saliendo a la seis de la tarde, aunque con un sol precioso en lontananza.

La lancha era una vieja embarcación de madera, movida por un motor mas bien pequeño, lento, pero de todas maneras, los cinco pasajeros que viajábamos, incluyendo al lanchero, nos sentíamos relativamente cómodos a pesar de mi bicicleta, los racimos de plátano y dos maletas de cuero muy resistentes que llevaban los misioneros

El Padre Garbiras, que no se perdía detalle del viaje, advirtiendo por un lado, el mal humor del Superior y, por otro, el cinismo del negro lanchero que no se daba ni por enterado, prefirió sacar el violín de una bolsa hecha en carpa de camión que le servia de funda, al estuche original del fino instrumento.

-De esta manera, no le entra la humedad en caso de que se moje-, explicó.

Me pareció muy original la idea, sobre todo cuando advertí que la funda llevaba una correa para transportarlo a la manera de un morral en la espalda.

-Coman banano-, dijo el lanchero ofreciéndonos de unos gajos muy maduros; y como me vio muy entusiasmado con la fruta, me insinuó:

-Meta en el morral, pal' viaje.

Ni corto ni perezoso comencé a acomodar unos cuantos y como vi que me faltaba espacio, saqué un envoltorio plástico con mis documentos personales y una libreta para firmas y constancias oficiales. Como ésta era relativamente más grande que mi pasaporte, la envolvi en el plástico y la guardé aparte en una bolsa scout de lona que yo aseguraba a mi cintura con la correa.

Con la música del violín, el viaje se hacía menos monótono pero la interferencia que hacía el ruido del motor, acabó por ahogar su delicado sonido y el misionero enfundó nuevamente su instrumento y en un acto casi mecánico se lo terció a la espalda.

El sol se había perdido y comenzó a anochecer.

-No se aleje mucho de la orilla-, pidió uno de ellos al lanchero; éste, muy convencido de lo que hacía, contestó en su jerga:

-Ete viaje lo hagu yo con lo ojo cerrao.

¡A ver si los abres, hombre, porque cada vez te alejas más! Alertó el Superior con tono un poco alterado.

El negro se sintió molesto.

Por mi experiencia en la Costa Atlántica, sabía que se sentía molesto porque estaba jugando peligrosamente a dos cartas. Si se alejaba, sus pasajeros manifestaban temor de verse , de repente, en alta mar, en una lancha con motor de juguete; y si se acercaba, él tenía que vérselas con los arrecifes o el peligro de ser lanzado contra las rocas.

Comenzó a llover.

-Coño, estamos llegando a cielo roto-, dijo el negro, refiriéndose, según él, a una región muy cerca al Zapsurro, donde siempre llovia.

¿Lleva una linterna? Le pregunté.

Vi que el más joven de los misioneros, sacó una muy moderna para cuatro pilas.

De repente, relampagueó y se sintió estallar un rayo en la lejanía.

¡Santa Bárbara bendita! Exclamó el violinista.

El lanchero entonces le mermó velocidad al motor.

-Cuando eto se pone feo, lo mejo es bajá velocidá-, dijo.

Comenzamos a empaparnos de agua; a un metro de distancia, escasamente nos veíamos los rostros y el foco de la linterna se convirtió en el único faro de luz que nos alertaba la proximidad a la playa.

-Es mejor que desembarquemos-, opinó el Superior.

-Ete chubasco es solo un espantapájaro-, respondió el negro. - Además, con eta lu tan mala, lo mejó es etá en el agua-, agregó.

Recuerdo muy bien, que era un negro, testarudo, confiado, y como el Superior lo presentía, le ordenó de un solo golpe de voz:

¡Desembarquemos!..., ¿está claro?

-Etá bien, Padre, pero nó aquí, ya estamo cerquita al Zapsurro-, explicó.

El hombre tenía razón. Cada vez que la linterna alumbraba hacia la playa, se veía un tendido de rocas azotado por el agua.

–Ete ma se etá encojonando-, musitó entre dientes el negro.

Una hilera de resplandores respaldados por truenos, se oyeron reventar; las olas comenzaron a pasar por encima de nuestras cabezas, empujando la lancha hacia las rocas.

¡Acelere ese motor! Le grité al negro.

-Sí, tenemo que salí de aquí-, contestó. Y en el preciso momento que aceleró la máquina, se sintió golpear y de un sólo tajo se paralizó totalmente.

-Mira, el maldito se paró-, dijo el hombre desesperado y olvidándose de todo, enredaba el cordel, lo tiraba, una y otra vez; y todos, en nuestro desespero, sumábamos nuestras fuerzas, tirábamos de la cuerda, pero se quedó, ahí, parado, como cuando se rebela una mula en el camino.

¡Mi linterna! Gritó el misionero, y fue lo último que alcancé a oír, cuando una inmensa ola envolvió la lancha, dándole una vuelta de campana como si se tratara de un juguete.

Yo no me acordé de nada ni de nadie; instintivamente, sólo pensé en bracear y ganar la orilla, ya fuera en dirección de la playa o de las rocas. De pronto sentí que algo me elevaba como a un papel, sumergiéndome después dentro del agua y cuando ya me daba por ahogado, sentí una buchada de arena tratando de infiltrarse en mi garganta.

El mar me había sacado a la orilla de la playa; pero a mi alrededor, en la más absoluta oscuridad, tan sólo veía flotar algunos palos de leña mojada.

¿Hay alguien por aquí? Grité a la redonda, apenas me sobrepuse.

¡Mielda, ciclista, donde anda los cura! Explosionó la voz del negro, casi que a mi lado.

¡Padre Garviras!... ¡¡Padre Garviras!!, sentí que gritaban, dos bultos blancos que se aproximaban a nosotros encadilándonos con la linterna.

¿Está con ustedes? Preguntó uno de ellos, pues se trataba de los misioneros.

-No sé-, contesté.

-Préteme esa linterna, padre, yo lo buco-. dijo el lanchero al punto que corría en su busca.

Esperamos largo rato, pero no volvió a aparecer por ningún lado.

¿Qué hacemos? Pregunté.

¡Rezar! Contestó el Superior. Y se pegó de un crucifijo que portaba sobre su pecho.

Pasaron varias horas y ya comenzaba a vencerme el sueño, cuando el otro misionero, alertó:

-Parece el refletor de mi linterna-. Efectivamente, la luz saltaba por todos lados y en el momento que se encaminó en nuestra direccción, grité:

¡Por aquí!

-Coño, ven ayúame..., ¡como pesa ete condenao,ah! Alegó el negro que parecía traer a sus espaldas al misionero perdido.

El lanchero explicó que lo había encontrado aferrado a una roca a punto de perder el conocimiento. El sacerdote, sangraba por el lado derecho de la cabeza y su sotana hecha girones se veía manchada de tinte rojo.

-Se maluquió al veme-, dijo el hombre y añadió: menos mal, de lo contrario hata me ahoga.

-Acuéstenlo acá-, ordenó el Superior.

Comenzó por secarle la sangre del rostro y cuando le enjugó la frente con agua de mar, al contacto de ésta con las heridas, se sobresaltó, dando muestras de vida.

-Ya todo pasó, Padre, no se preocupe-, alentó su compañero, pero el herido recorría todas las cosas en la oscuridad, aún, como sonámbulo.

¡Mi violín!, ¡mi violín! Decía.

-Pierda cuidao, Padrecito, aquí le tengo su violín!, dijo el negro y mirándonos, observó:

¡Coño, no lo quería soltar!

En ese momento, pensé en mi bicicleta.

Por decisión de los misioneros, resolvimos pernoctar en la playa ya que el lanchero, con sobrada razón, se negó abandonar el lugar.

-De noche lo gato son pardo-, comentó.

Por otra parte, me pareció lo más acertado, pues, yo tampoco me resignaba a la idea de abandonar, con mi bicicleta, el morral con mis enseres y papeles de identificación. Tanteando, busqué con mi mano izquierda el libretero de lona y registré que tenía mi álbum de firmas y sellos.

"Qué tonto, si hubiera metido aquí mi pasaporte", pensé; pero por un momento abrigué la esperanza que, al día siguiente, encontraríamos todo.

Al amanecer, el mar parecía tan inofensivo que daba dificultad creer por lo que habíamos pasado. De la lancha no quedaban sino pedazos de tablas diseminadas por la playa; pero toda su carga, empezando por el motor, el morral y las maletas, se habían ido al fondo del mar en compañía de mi bicicleta.

El negro, que estaba muy apenado y confundido con el accidente, no paró de zambullirse en varias direcciones, con esperanza de encontrar al menos una pista. Pero todo fue inútil.

-Mielda, ni que se hubiera hundío el Titáni-, fue lo último que dijo.

Finalmente, decidimos continuar nuestro camino bordeando la playa ya que el Zapsurro estaba relativamente cerca.

Los primeros en anunciar nuestra llegada fueron los niños y unos perros pequeños que nos recibieron meneando la cola.

La llegada de un misionero a las aldeas era un verdadero acontecimiento y como yo iba dentro del grupo, inicialmente me tomaron como tal. Según los niños, en Zapsurro, por esos días, estaban allí otros misioneros capuchinos españoles que se habían internado en la selva.

-Esa es una buena noticia-, comentó el Superior.

En Zapsurro, cada uno cogió por su lado. Los misioneros se organizaron en una Ramada que servia de iglesia y rápidamente les sobró público para iniciar su trabajo; el lanchero, que me pareció un hombre a toda prueba, me dijo: -Bueno cuadro, yo me vuelvo pa Acandí a buscá un motorcito; es mejó que te pegues a lo cura..., ¿ya tu sabes, eh?

Todo lo contrario, yo busqué abrirme paso, pero regresé en busca de los misioneros antes de partir hacia puerto Obaldía, el primer Puerto panameño en el camino. Advertí que ya los padres estaban cómodamente instalados y como no les vi mucha prisa por continuar el camino, me despedí de ellos agradeciéndoles todo el apoyo que me habían brindado, no obstante, nuestro infortunio.

-Ten fe en Dios, hijo, y nada te faltará-, me dijo el Superior y de paso me entregó una jíquera llena de frutas.

-Comiendo naranja no se siente el camino-, añadió, al punto que me despedían.

"Si la gente del puerto es tan hospitalaria como ésta, creo que no voy a tener problema", pensaba; pero seriamente indocumentado…, ¿a dónde podría llegar? Todas estas dudas me atormentaban; jamás pensé que pasaría por una experiencia tan desafortunada como un naufragio, con la pérdida de todo, especialmente mi pasaporte. "Si no tengo pasaporte, tengo que aferrarme a mi biblia", pensé al punto que acariciaba mi álbum de registros y sin perder tiempo me encaminé a la escuela de varones, pues alguien me había dicho que la directora era muy amiga de las autoridades panameñas en Puerto Obaldía.

-Necesito su ayuda-, le dije y le expliqué mi situación.

La señorita, sin perder tiempo, me anotó lo siguiente:

Por la amistad personal que me une a las autoridades de la vecina población panameña de Puerto Obaldía, y en nombre de la solidaridad continental y grancolombiana, pido a aquellas tengan un gesto de atención con el explorador y portador de ésta, Sr. Israel Valderrama, quien anda en una misión tan noble como incomprendida e ingrata

Atte, y s.s.

M. Garrido, Direscuela El Zapsurro. Col.

ETAPA CUATRO

Un mes de espera en Puerto Obaldía, Panamá.

Con la primera nota de importancia en mi álbum y obviamente dirigida a alguien, inicié mi cuarta etapa. Por otro lado, pensaba que me iba a ser muy difícil reemplazar mi bicicleta Monarc. Por suerte, yo no tenía ningún contrato con nadie; lo mío, obedecía simplemente a una aventura y como tal, podía regresarme a mi país y evitarme problemas.

¡Colombiano! Me llamó alguien, acercándose con mucha confianza. ¿Tú eres el ciclista, no?

-Sí, le contesté.

-Evaristo dijo que ibas para el Puerto-. Refiriéndose a Puerto Obaldía. Como me notó indeciso, aclaró:

-Evaristo, el negro panameño de la lancha.

-Ah, sí-, aprobé.

-Bueno, si tú quieres, te despacho con el burro-, dijo. Y como yo no tenía elección, de una vez acepté sin saber de que se trataba. El burro, resultó ser un muchacho que transportaba diariamente agua de Puerto Obaldía hasta el Zapsurro y estaba de salida con un par de burras que cargaban las tinajas de barro.

Fue un excelente compañero de viaje; durante el camino me

estuvo hablando de Puerto Obaldía, de sus años de prosperidad como puerto libre por los años cuarenta; del contrabando con Colombia y de como en cada esquina se encontraba uno con un bar repleto de extranjeros, sobre todo americanos.

¡Esto era un nido de putas! Dijo, anotando que donde había plata, se daba y sin remedio, la prostitución.

Aunque los tiempos habían cambiado, se notaba algún movimiento en el puerto y como secuelas de la prosperidad anterior, se veían diseminadas por todas partes toldas con mercancía barata.

A raíz de los problemas con el contrabando, a mi entrada, un agente de policía me preguntó por mis papeles de identificación y como no tuve una explicación muy convincente, me llevó ante un inspector de zona. Ante éste, narré nuevamente mi aventura del naufragio y de la pérdida de mis documentos y le enseñe mi libro de registros, que era lo único que había logrado resguardar.

-Logré salvarlo por guardar unos bananos-, le expliqué.

-Pero eso no es un documento-, me reprochó.

-Bueno, nunca se sabe lo que va pasar- dije, mostrándome abrumado.

-Eso si está grave, porque tengo que detenerlo hasta nueva orden-, sentenció.

Esa misma tarde, el Inspector cambió de parecer. Parece que le comentó a su superior, sobre la nota de la señorita directora de la escuela de varones del Zapsurro.

-Como no puedo tenerlo aquí, comiendo y durmiendo, es mejor que busque la manera de hacer algo mientras que definimos su situación-, explicó.

Como no pesaba sobre mí ninguna orden o requerimiento oficial, no se me podía encarcelar por lo que me dejaron simplemente en observación; además mi uniforme scout y mi álbum de registros, de alguna manera tenían que dar credibilidad a mis palabras.

No me fue difícil dar nuevamente con el burro, quien al verme, me comunicó:

-Colombiano, le tengo una chamba.

Me explicó que en los alrededores estaban contratando gente para recoger cocos y cortar maleza por un dólar diario, con la comida incluida.

¿Y la dormida?

¡Ese es su problema!

No tuve mucho trabajo para convencer al Inspector que me permitiera dormir en el cuartel.

Me tocó esperar un mes en Puerto Obaldía, que era el tiempo que se demoraba en llegar la lancha de la Guardia Nacional de Panamá.

Como sabía lo importante que era llenar los registros de mi álbum que a la fecha, era como mi pasaporte, le pedí al inspector

que me había detenido y ayudado, su registro. Él invocando la solidaridad con la vecina población del Zapsurro, Colombia, pidió a sus compatriotas ayudarme en lo posible.

Firmó mi libro, en septiembre 19 de 1954, como Pablo Yañez, Sargento 47, encargado del Cuartel de Puerto Obaldía.

ETAPA CINCO

Entre Puerto Obaldía y Puerto Colón, Panamá,
me mandan de Herodes a Pilatos y de Pilatos a Caifás

El día que el Inspector me entregó a un oficial que comandaba el personal de la lancha, el Teniente comentó:

-Yo lo llevo sin ninguna responsabilidad hasta Colón; y él, que arregle allá sus problemas-.

Pasamos por Isla del Diablo, habitada por aborígenes y así continuamos dos días con sus noches, hasta llegar al Porvenir. Por fortuna, durante el trayecto, me había hecho a la amistad del Teniente y de toda la tripulación; por eso al desembarcar, el oficial me llamó y me dijo:

-Colombiano, voy a darle una nota para mi Comandante en Puerto Colón, ya que tengo que dejarlo aquí.

Era un 11 de octubre de 1954 y al día siguiente, celebraban el día de la Raza en una Base Naval que estaba cerca; por eso, la lancha había cambiado de rumbo.

La nota hablaba de mí, como explorador y sobre mi permanencia en esta comarca donde había demostrado mi buen comportamiento y, por ende, se me hacía acreedor del aprecio de todos los miembros de la Guardia Nacional.

En El Porvenir, pasé a órdenes de un tipo que todos llamaban el Jefe, quien me ordenó abordar un barco bananero que se dirigía a Puerto Colón.

Confieso que durante el trayecto, me sentí agobiado por la incertidumbre y comencé a ponerme nervioso, pues me estaban mandando, a pesar de que no me encontraban reo de culpa, de Herodes a Pilatos y de Pilatos a Caifás.

¿Era tan grave, o mejor dicho, tan inverosímil, haber perdido los papeles en un naufragio?

La verdad es que nadie parecía creerme y mientras tanto me retenían, trasladándome de un lado a otro; y si no estaba formalmente preso, se debía a mi uniforme scout y a las recomendaciones de personalidades que iba registrando en mi álbum.

A las siete de la noche, llegamos a Puerto Colón. El Jefe, una vez en tierra firme, en la Estación Portuaria, me ordenó seguirlo y me escoltó a la Comandancia de la Guardia Nacional, donde me abandonó a mi suerte.

¡Enciérrenlo! Dijo el comandante en forma tajante sin permitirme siquiera hablar.

De inmediato, un guardia de servicio me tomó por el brazo y me trasladaron a un patio abierto y separado de las oficinas de la Comandancia, por rejas. "Al menos no es un calabozo", pensé; pero el solo hecho de sentirme privado de mi libertad, me hizo entrar en una horrible depresión.

Allí, sobre un piso de cemento y sin cobijas, me tocó pasar una semana. Finalmente, un agente de la Guardia Civil entró por mí y me ordenó seguirlo para ponerme al frente del Comandante de turno.

-En vista de que no existe nungún cargo contra usted, queda en libertad-, sentenció. Y me pidió que me retirara.

Eran las diez de la mañana del 18 de octubre de 1954.

Tengo que reconocer, que esa mañana me sentí reconstruido física y moralmente; busqué mi vieja billetera en el bolsillo trasero de mi pantalón y registré que allí estaban mis dólares, completicos, pero con cara de haber sobrevivido a un naufragio. Entonces me fui derechito a un restaurante donde pude disfrutar a mis anchas de un suculento almuerzo panameño.

Al salir del restaurante, tomé la ruta de una avenida sembrada de palma africana a lado y lado del camino, de un aspecto realmente hermoso y que le daba al ambiente cierto aire de frescura; caminé sin mucho entusiasmo, sólo mirando alrededor y me aventuré a entrar en una tienda donde vendían toda clase de artículos.

¿Tiene ropa interior para hombre? Pregunté.

-Y americana-, me respondió el hombre y al notar mis pantalones cortos de caqui, me ofreció:

-También Blue Jeans, marca Lee-. Pero yo me limité sólo a la ropa interior que necesitaba.

Al acercarme un poco más al mostrador, en busca de la registradora, a las espaldas del almacenista, en el fondo de la bodega alcancé a ver los restos de una bicicleta.

¿Vende la bicicleta?

¿Cuál?

La señalé con mi índice derecho.

¡Ah, eso no sirve! Afirmó y como para corroborarlo, completó: si quiere se la regalo.

Yo no sabía qué hacer; tan sólo era consciente de que necesitaba reparación pero desbaratada y todo, para mí, representaba una fortuna.

-Siga, cójala. Y le anticipo que es alemana. ¿Sabe de bicicletas?

-Bueno, acabo de perder una muy fina en el Zapsurro-. Y aprovechando que estaba en ese momento disponible, le conté mi historia.

-Entonces, manos la obra. Con tal que utilice el patio de atrás, la puede arreglar aquí-, me animó . -Aquí tiene la herramienta-, dijo, pasándome una caja metálica.

Efectivamente, era una bicicleta marca Wander, negra, de turismo, dinamo y lámpara de luz, timbre, contrapedal, asiento de cuero y maletín para herramienta. Después de repararla o, más bien, limpiarla, porque lo que necesitaba era mantenimiento, en la misma tienda compré una cajita de pomada desmanchadora y le saqué brillo a los rines, en una forma tan meticulosa que parecía nueva. El hombre al verla, tan distinta, y con aspecto de recién resucitada, comentó:

-Vea hombre, lo que hace la industria.

Yo le agradecí de nuevo, y cuando le pedí su autógrafo para mi álbum de firmas, se excusó.

-Yo hasta bicicleta le doy, pero ponerme a escribir cosas, no. Eso es para la gente importante. Pídale la firma al Gobernador; ahí, arribita, está el edificio de la Gobernación.

Dicho y hecho; esa misma tarde estaba hablando con el Secretario de la Gobernación de Colón quien me dijo que con mucho gusto me daba audiencia para el día siguiente.

El día 19 de octubre de 1954, el Gobernador de Colón, señor, José María Gonzalez, me estampó su rúbrica con una fina estilográfica Parker 51 de oro, al final del texto que su secretario redactó en letra de estilo tan original, que confieso jamás haberlo visto ni antes ni después de mi viaje, al Jamboree en Canadá.

Después de haber hecho engrasar mi bicicleta y pintarle anillos en las barras con los colores distintivos de la bandera de Colombia, inicié un recorrido de reconocimiento del Puerto de Colón, siempre con la política de recoger firmas de personalidades y gente del gobierno.

Entre otros, figuran en mi álbum, el Mayor Jefe de la Zona Atlántica de la Guardia Nacional, Coronel Ramos, Jr; la señora Idalia Rofriguez, Secretaria de la Cámara de Comercio; el Inspector Provincial de Educación, Juan B. Quintero; quienes en forma decorosa y desinteresada, pidieron para mí, apoyo incondicional y la solidaridad ciudadana.

Motivado por la ayuda recibida y viendo que pronto adquiría mi viaje mucho más interés, me propuse hacer un itinerario turístico de los lugares visitados y en la medida de mis posibilidades tomé datos monográficos de cada región.

Colón, venía a ser la segunda ciudad de la República de Panamá y en un tiempo atrás fue denominada Aspinwall, fundada en 1852, que por ser terminal del Ferrocarril Trasítsmico adquirió muy pronto un gran desarrollo. Era el principal Puerto de la República. Estaba unida, además, a la capital por el Canal Interoceánico y por una inmejorable y ancha carretera de concreto. Era considerada la ciudad más cosmopolita del mundo. Tenía, en ese entonces, tan solo 44.393 habitantes.

A medida que me adentraba en la investigación de cada región, descubría nuevas perspectivas y cambios; tal vez, el de mayor interés venía desenvolviéndose lentamente y consistía en la construcción de la Carretera Interamericana, destinada a unir por vía terrestre las masas continentales que enlazaban las Américas.

Era obvio, el significado de esta grandiosa obra para el viajero internacional: el enlace de innumerables redes de caminos y ramales de carreteras que daban acceso a lugares de leyendas románticas, ruinas y templos que exponían el poderío que una vez reinó en las Américas y al mismo tiempo facilitaban la visita a ciudades modernas, que hoy ocupan su lugar.

De mayor importancia, aún, era el significado de esta carretera con respecto al comercio mundial y el intercambio de ideas, pedestal para el adelanto de una nueva cultura interamericana.

ETAPA SEIS

De Puerto Colón a Ciudad de Panamá.
En la capital, la Kola Granulada J.G.B. la del tarrito rojo
se suma a mi atado de panela

Así que estrenando carretera y bicicleta, salí en los
últimos días de octubre de 1954, desde Puerto Colón con destino
a Ciudad de Panamá.

La carretera, toda, recien pavimentada, era tan impecable y
amplia que el viaje de 85 millas aproximadamente resultó para
mí un verdadero paseo, no obstante un calor infernal. Todo para
mí era nuevo; el paisaje, las gentes, las costumbres, que a pesar
de no distar mucho de las nuestras en ciertas manifestaciones
culturales, mostraban rasgos muy propios. Llegando a Ciudad
Panamá, me interné en un caserío a descansar y tomar un refresco.
Como era un poco tarde, tuve la suerte de presenciar el inicio de
una fiesta con un baile muy propio de nombre el Tamborito, danza
nacional, donde se revelaba la vistosa indumentaria panameña,
de amplias polleras, montunas y sombreros del país.

Pude apreciar, como rasgo característico, su aire festivo, su loca
alegría que al ruido ensordecedor de las vitrolas, o los conjuntos

típicos, hacían lo imposible por encender la fiesta. Ya, descansado, me levanté para retirarme.

¿Tan rápido se va? Me dijo uno de los presentes.

-Sí, tengo que pedalear hasta la capital-, le aclaré.

-No, no se vaya, voy a presentarle unos amigos; además está muy tarde. ¿No le parece?

Y sin más comentarios, el personaje me incluyó dentro del repertorio.

-Mira, este colombiano está de gira por Panamá-, le dijo a una joven que vestía uno de los trajes típicos. Es un scout-, completó.

-Como se va a ir si apenas comienza la fiesta. Vamos, enséñeme a bailar cumbia. Yo tengo un disco de su pais. ¿Quiere oírlo? Me preguntó. Y en verdad, me alagó la idea.

Rápidamente la muchacha, por cierto muy buena moza, buscó entre cientos de ellos y sacando uno, de 78 revoluciones, de discos Fuentes, lo colocó en un moderno todadiscos marca Phillis. Era la Cumbia Cienaguera.

Bailaba cumbia mejor que yo; pero todas estas manifestaciones de alegría y carnaval, despertaron en mí un gran entusiasmo y a medida que sonaba el disco..., "muchacha ven a bailar la cumbia porque la cumbia emociona...," todos se confundían en el ardor del ritmo del caribe, estimulándome con sus voces y vivas:

-Buena, colombiano ...,!Qué viva Colombia!, gritó alguien y todos hicieron eco:

¡Que viva!

La fiesta se prolongó hasta tarde y como era costumbre rematar el baile con una suculenta comida, aquella noche disfruté de una exquisita cena y muy panameña, por cierto.

¿Qué están celebrando? Pregunté a mi anfitrión.

El carnaval. Comentó efusivamente, explicándome de paso que consistía en una festividad nacional y que ellos, precisamente, estaban celebrando la vispera.

-La fiesta grande comienza mañana en Ciudad Panamá-, dijo.

Terminada la cena me ofrecieron hospedaje en una de las casas. Como no acostumbraba beber licor, pude levantarme muy temprano y después de la ducha fui invitado por la señora de la casa a tomar el desayuno. Fue la primera vez, en mi vida, que comía pancakes al estilo americano.

-Eso es lo que comen los gringos- dijo, acentuando que desde que manejaban el canal, cada día imponían más sus costumbres.

-Hasta que vamos a terminar rumiando chicle-, concluyó.

A las nueve de la mañana, me despidieron rumbo a Ciudad de Panamá. Como la población era solamente un caserío en las afueras, no gasté sino 45 minutos para llegar a la ciudad.

Ciertamente, a la capital la encontré de fiesta; y como la mayoría de la población eran morenos, me llamó mucho la atención la elegancia con que vestían traje de lino blanco y sombrero de fieltro tipo mediterráneo. Me tocó entrar por una avenida de dos calzadas. Una para automóviles y otra para tranvias; y estuve de suerte, porque alguien me comentó que en tiempos normales había mucho tráfico pero como ese día pasaba el desfile, la mayoría de la gente prefería caminar.

¿Qué desfile? Pregunté.

-El desfile de carrozas.

Como las carrozas saldrían después de las tres de la tarde, hora en que el sol era menos fuerte, me puse en la tarea de buscar donde hospedarme, pues, de todas maneras tenía que esperar hasta el día siguiente para iniciar las gestiones tendientes a la consecución de mis documentos de identidad en el consulado de mi país.

Al registrarme, el hotelero, además del valor del cuarto me exigió un depósito que no alcancé a cubrir por lo que tuve que desistir del hospedaje; en ese momento, un caballero que pasaba a recibir un mensaje me preguntó:

¿Usted es el colombiano que va para Canadá en bicicleta?

-Sí. Contesté de muy buena gana.

-Mucho gusto, Eloy Valenzuela. De pronto, puedo ayudarlo; por ahora, permítame colaborarle con algo-, me dijo y ordenó al hotelero:

-Incluya el cuarto de él, en mi cuenta.

Arreglado el problema de mi estadía en el hotel, el caballero me explicó que él trabajaba para los laboratorios J. G. B. que en ese momento, estaban promoviendo un producto por Centroamérica: Kola Granulada, J.G.B. la del tarrito rojo.

-Pues es muy popular en Colombia-, le dije.

-Lo sé. Confirmó y continuó: déme un par de días, yo me comunico con la Compañía y le decido algo; por lo pronto, no se preocupe por el hotel.

Obviamente emocionado, me puse incondicionalmente a su disposición y le garanticé un estado físico a toda prueba, pues por la publicidad que yo oía por radio, la kola granulada era promovida por los deportistas más importantes de Colombia y ocupaba, igualmente, páginas de publicidad en magazines y periódicos.

Como buen colombiano, ya me veía, por todo Centroamérica como prototipo de fortaleza física y mental y hasta con dinero en el bolsillo; y si para allá iban las cosas…, ¿por qué no comprarme una mudita?

Panamá era una locura de comercio y en medio de la fiesta, se encontraba uno con vendedores ambulantes ofreciendo camisas hawaianas, relojes, pulseras, medias, etc...

Cuando salí de mi cuarto, el hotelero no me reconoció: pantalón blanco, camisa de flores encendidas y unas zapatillas también blancas, como para no dejar duda de mi pinta de panameño. Feliz, salí a mirar el desfile.

Me pareció suntuoso y muy rico de ornamentos. Inicialmente, abriendo la gran parada, una banda de guerra conformada por 20 miembros de la Guardia Nacional; al frente 4 bombos, seguidos de tambores, redoblantes, tamboriles, clarinetes, cornetas. Más atrás, comenzaron a aparecer hermosas bastoneras forradas en trajes de lentejuelas de color rojo encendido. Marchaban sincronizadamente, tirando al frente sus piernas largas y bronceadas en un ritmo tan perfecto que los movimientos de sus brazos y manos de no ser por las batutas y triángulos sonoros, pasaban casi que desapercibidos.

Las carrozas, todas ellas alegóricas, denotaban derroche y buen gusto; al final, me llamó mucho la atención una revestida de toda clase de flores y sobre una escala jerárquica de tronos de belleza, 14 mujeres, blancas, rubias, morenas y mulatas, ostentando sus fabulosos vestidos blancos, en amplias polleras y montunas, que exquisitamente bordados revelaban la vistosa indumentaria panameña.

Cerrando el desfile, la banda militar de la Base Naval de los Estados Unidos irrumpió en escena. Todos ellos, impecablemente vestidos de blanco, marchaban con el desenfreno y el aire marcial que sólo se veía en los circos.

Terminado el desfile, regresé al hotel donde fui notificado en portería que un periodista local quería verme.

-Creo que es para una entrevista-, opinó.

Efectivamente, lo encontré en la sala de espera y lo reconocí porque andaba armado de una cámara fotográfica con un flash gigantesco.

¿El señor valderrama? Me preguntó.

-Sí, soy yo.

-Soy de la prensa local y tengo interés en tomarle unas fotografías con su bicicleta-, me dijo. En esos momentos, entró al hotel mi posible patrocinador y fue remitido por uno de los botones en nuestra busca.

-Amigo, le tengo una buena noticia: he conseguido con la Liga de Deportes organizar una maratón de resistencia de 72 horas sobre ruedas.

¿Y se puede saber dónde?

-Aquí, en un parque de la ciudad.

Y así fue. Esa tarde, el periodista, no obstante tomó algunas fotografías y me hizo preguntas relacionadas con mi viaje por las Américas.

Al día siguiente, el periódico sacó en las páginas de deporte, mi fotografía, y el reportaje sobre lo que ellos consideraban una proeza, señalando además el sitio, el día y la hora para la gran maratón de resistencia.

Antes del evento, me presenté en el Consulado colombiano, en busca de mis papeles de identidad. Por fortuna, el cónsul reconoció mi esfuerzo y me prometió que llenados los requisitos, en pocos días, tendría el documento.

Mientras tanto, contaba con dos buenas posibilidades para recoger algún dinero: la maratón de resistencia programada para el fin de semana y una nueva oportunidad de trabajo, esta vez, en una carpintería.

El jueves en la noche, preparé nuevamente mi uniforme scout para el día de mi debut y me di cuenta que mi patrocinador había ordenado unas vallas en tela, como pasacalle, anunciándome como el ciclista de las Américas y garantizando mi resistencia gracias a la Kola Granulada J.G.B. la del tarrito rojo.

Claro que sabe más el diablo por viejo que por diablo y, en base a mi experiencia, a hurtadillas me preparé una jíquera de cabuya para terciármela al dorso con abundantes terrones de panela. Agua en la cantimplora y dulce al cinto, fueron siempre mis vitaminas secretas.

En la madrugada del viernes, acompañado únicamente de tres personas de la Liga de Ciclismo, un juez y mi patrocinador, inicié la gran maratón.

-Tómela suave-, me aconsejó uno de los ciclistas. -Sólo así, se puede resistir-, agregó.

En mi ánimo, yo sabía que esa era mi alternativa; pedalear al ritmo del músculo, suave, manteniendo siempre una velocidad estable.

El parque, muy frondoso de árboles, fue para mí un alivio en los momentos que arreciaba el sol sobre mis espaldas y las ceibas centenarias muy comunes en aquella época, fueron como un oasis de sombra y frescura.

Alrededor del mediodía, observé una aglomeración de gente que me infundía ánimos ovacionando a mi paso; sólo cuando vi ondear al aire el tricolor colombiano, comprendí que se trataba de algunos paisanos. Un poco más tarde, un locutor, desde un trasmóvil siguió mi rutina alentándome, al punto que hablaba de la Kola Granulada J.G.B. la del tarrito rojo, como la bebida de los campeones.

El efecto de las voces de ánimo del locutor a través del altoparlante, se convirtió para mí en un arma de doble filo, porque cada que me alentaba, yo aceleraba la velocidad perdiendo el ritmo y con peligro de agotarme; cuando me di cuenta, continué oídos sordos a sus voces, pedaleando al paso inicial.

La inexperiencia en una maratón contra reloj, puede ser muy peligrosa. Una vez presencié a un ciclista que llevaba cerca de 48 horas de ritmo parejo en su bicicleta y tuvo que bajarse a orinar; a pesar de que no empleó sino 10 segundos en su interrupción no fue capaz de volverse a subir sobre la máquina. Otro error, muy grande, en los novatos del pedaleo, es parar el pedal; esto es tan grave, como bajarse de la cicla porque fácilmente puede producirse el calambre por un enfriamiento repentino del músculo; y si se come, debe ser algo muy ligero, fácilmente digerible como la panela, que carece de fibra y es una invaluable fuente de calorías; el agua, a pesar de convertirse en la mejor aliada del maratonista hay que saberla ingerir. No recuerdo haber tomado más de 4 onzas en una maratón de 72 horas, precisamente para evitar la micción; en cambio, humedecerse los labios y la garganta repetidas veces, como en un desierto, es de gran alivio y mantiene en equilibrio la capacidad mental.

Aunque no pretendo pontificar sobre la materia, un buen ciclista debe ser ante todo un hombre sereno, muy equilibrado y con una capacidad muy personal para intuir el peligro, que a menudo le acecha. Todo lo contrario del motorista, el ciclista va afuera de la máquina, es decir, es al mismo tiempo motor y carrocería.

El sábado en la tarde, la pasé muy tensionado pensando si aguantaría el ritmo hasta el domingo, día en que terminaría mi maratón; pero rápidamente descubrí que era mi otro yo, el amante del confort, el que no gustaba de sacrificios ni proezas el que me hablaba, y lo mandé al carajo; porque así tiene que ser cuando uno se pone la meta de montarse en una bicicleta para darle vueltas a un parque o atravesar las Américas.

Cuando llegaba la noche, sería un hipócrita si negara como anhelaba dormir, al menos cerrar los ojos pedaleando, pero quien lo haya experimentado, sabe que eso equivale a irse de bruces con bicicleta y todo. ¡Qué dura es la noche pedaleando y solitario sobre una bicicleta! Alrededor no se siente ni se oye nada; solamente el juez de turno que como un buitre espera a ver cuando cae su presa, o bien, a la expectativa de su triunfo.

En la madrugada del domingo, me reaccionó el estómago por lo que comencé a prepararme para recibir a partir de las ocho, algo de fruta y queso amarillo, con la ayuda de mi alimentador. Por experiencia, sabía que no podía ingerir mucha comida, de lo contrario, sentiría inmmediatamente el peso del estómago con inmediatez pasmosa.

En la tarde del domingo, a pocas horas de terminar mi maratón, me comenzó a dar lo que el ciclista llama vulgarmente "la pálida". A quien lo coge, es como un muerto manejando bicicleta.

Era el momento para mascar abundante panela y derramar toda el agua de la cantimplora sobre la cabeza. Si se logra salir así de su letargo, está uno al otro lado del abismo; de lo contrario, sobreviene una debilidad infinita atizada de contracciones estomacales que normalmente rematan en la pérdida del conocimiento.

Aquella vez superé la prueba y aunque casi que vencido por el sueño, llegué a la hora límite: Seis de la tarde, del día domingo.

-Este hombre está dormido-, fue lo último que alcancé a oir cuando me ayudaban a bajar de mi bicicleta.

Desperté 20 horas después en el Hospital Central de la Ciudad de Panamá. A mi alrededor, unos compatriotas habían velado mi sueño y cuando estuve absolutamente consciente de mi propia proeza, una señorita enfermera me pasó el periódico del día.

"Y SE QUEDO DORMIDO", decía el titular que me presentaba plácidamente en la cama pero rodeado de amigos y de flores. En una cajita, sobre una mesa, alcancé a leer una nota en letras grandes que anunciaba el orígen de una buena cantidad de billetes entre dólares y balboas. "Para el campeón de las Américas", decía. Era el dinero que la gente me iba dejando en el parque, al constatar mi hazaña.

Nuevamente en el hotel, reinicié mis actividades diarias y como de todas maneras debía esperar por mi pasaporte me enganché a trabajar en la carpintería donde me habían ofrecido trabajo. Allí laboré tan solo una semana, pues recibí una llamada del Consulado Colombiano, anunciando, por fin, mi pasaporte.

-Le agradezco todo lo que ha hecho por mí-, le dije al Cónsul.

-Todo lo contrario. Es usted un buen compatriota y eso es lo que cuenta-, me aclaró y en forma muy gentil completó: además estamos orgullosos de usted; de lo contrario, no les habría prestado una bandera a los compatriotas que fueron a ovacionarlo en el parque.

A pesar del tiempo, aún recuerdo su nombre: Hernando Leyva Suárez, Cónsul General de Colombia.

Con mi nuevo pasaporte, dado en Ciudad Panamá, República de Panamá a 11 de noviembre de 1954, me dirigí al hotel, donde el señor Valenzuela me tenía la gran noticia.

-Le estamos esperando en el lobby-, me dijo.

En su compañía, seguí al salón y mayor fue mi sorpresa al encontrarme con unos colegas suyos que esperaban al pie de una hermosa bicicleta.

-Señor Valderrama, este es su premio por la labor cumplida-, me dijo uno de ellos.

Era una bicicleta marca Phillis, importada de Holanda. En el tubular que recibía la dirección tenía grabada la figura de un león dorado. Era negra, de una pintura tan fina como la de cualquier automóvil y sus rines y radios pulcramente niquelados resplandecían con las lámparas del hotel. Sus acabados y comodines en cuero negro, contrastaban sobriamente con la calidad del metal y la calidad de sus llantas.

¡Es hermosa! Expresé emocionado.

-Debe agradecerle al señor Williams, que al yo comentarle sobre sus esfuerzos, sugirió esta idea-, dijo Valenzuela.

-Es una forma de expresarle nuestro reconocimiento. Le quedamos muy agradecidos-, dijo y estrechando mi mano se excusó para ausentarse.

Acto seguido, Valenzuela terminó: Con este obsequio de parte de la compañía y el dinero que contiene este sobre, estimamos remunerarle justamente por su participación en la campaña de nuestro producto aquí en Panamá.

-Ha sido para mí muy grato colaborar con ustedes-, dije y preocupado por mi estadía en el hotel, le pregunté: ¿Debo abandonar la habitación, hoy mismo?

-Tenemos dos días más, que es el tiempo que el señor Williams permanecerá en Panamá.

En provecho de la tregua, dediqué estos dos días a conocer la ciudad. Me pareció que, por esa época, la capital panameña no había perdido su estructura colonial, aunque después de la República había siso modernizada y contaba con calles pavimentadas, alumbrado excelente, monumentos artísticos, centros de cultura y educación, edificios públicos y confortables residencias privadas, lo cual la ponían a la altura de las bellas ciudades de América. Su población era de 111.890 almas poco más o menos, heterogéneos habitantes pertenecientes a todas las razas del mundo, dedicados en su mayoría al comercio que constituía el nervio vital de la economía nacional.

En gratitud al Todopoderoso por todas las bondades recibidas, visité la Iglesia de San José donde quedé impresionado con su bellísimo altar de caoba y oro, salvado del saqueo de Panamá, la vieja.

Junto a la carretera, cerca de la capital, pude visitar el Puente del Rey, parte de un antiguo camino que atravesaba el Istmo, allá por el siglo XVI.

En las horas de la tarde me aventuré a entrar a uno de los teatros de la ciudad donde estaban anunciando tres películas con mi actor favorito de los años cincuenta: Flash Gordon. Esa tarde estaban pasando "Invasión a Marte" e "Invasión a Mongo" y para el día siguiente, anunciaban "Conquista del Universo"

Recuerdo a mi héroe preferido cruzando el espacio en pleno vuelo estilo Supermán, con la diferencia que en vez de capa, llevaba a la espalda un par de cohetes que lo impulsaban después de haber salido disparado con un golpe seco y vertical sobre ambos pies.

ETAPA SIETE

De Panamá a Golfito.
La primera población costarricense.
Romance de la casada infiel

El día 20 de noviembre del mismo año, después de haber donado mi bicicleta alemana a la Liga de Deportes, salí hacia Balboa, territorio del Canal que une a los dos Océanos. Por aquella época, llegaba uno a un lugar donde encontraba el Ferry para cruzar el Canal de Panamá y así continuar por la Carretera Panamericana. Ya en el otro lado, inicié la marcha que me llevaría a la frontera de Panamá con Costa Rica.

Antes de iniciar, confronté en mi mapa Esso la ruta y me propuse inicialmente llegar a la Chorrera, un pueblito que distaba solo sesenta millas del Canal. Fue un recorrido fácil y la satisfacción de pedalear una bicicleta de una gran suavidad, como la Phillis holandesa, me reanimó a continuar la marcha, después de un merecido descanso, hasta el corregimiento del Bejuco. Allí aproveché para almorzar, pues me propuse no aguantar más hambres, máxime que las actividades deportivas en Panamá me habían arrojado muy buenos dividendos; además de bicicleta nueva, llevaba en mis bolsillos U.S $289.oo

En Bejuco, el corregidor Don Pablo García Moreno, estampó su sello y firma dando constancia de mi paso por la Provincia.

De allí, en adelante, me encontré con dos caseríos; San Carlos y Santa Clara, muy cercanos el uno del otro hasta que llegué a Río Hato una población de aspecto sencillo pero hermosa. Allí hice una estación de dos horas y conocí a un Sargento Mariano que gentilmente me firmó mi álbum.

¿Hay un hotel, en Río Hato?, le pregunté.

-No, señor, esto es tan tranquilo y caliente que puede usted dormir en los potreros-, contestó; pero dándome una esperanza, dijo: en Penonomé, encontrará una residencia para viajeros.

¿A cuánto estamos de distancia?

-Como a unos cuarenta minutos, pero en carro.

Rápidamente calculé que sin mucha prisa, estaría en Penonomé para la cena y dormir descansadamente.

Me encantaba el chirrido de la trinquetera de la Phillis cuando dejaba de pedalear; era para mí como una música en los trayectos que no necesitaba hacer esfuerzo sino solamente dejarme llevar por la misma inercia y la calidad de una máquina que rodaba sin fatiga y sin resentimiento.

Cayendo la tarde, llegué a la población y casi en la misma entrada encontré la casa que se anunciaba como una residencia para viajeros. Era tan barata, que tuve la tentación de quedarme viviendo allí toda la vida, máxime que era atendida por una mujer de extraordinaria belleza.

¿Va a cenar? Me preguntó. Y yo pensé al instante que por su tipo y acento, aquella mujer tenía que ser de algún país árabe. Sus ojos marroquíes de un café intenso, se notaban tan tristes como furtivos y por supuesto que ni siquiera me miró cuando le respondí que sí.

¿Conoce a alguien de la Guardia Nacional? Le pregunté y casi que con desgano respondió: Vienen a comer aquí.

Alrededor de una hora después, entraron. Como en ese momento había yo terminando mi cena, me levanté a saludarles.

-Siéntese, señor, no se moleste-, dijo un oficial que caminaba al frente al punto que se me presentaba.

-Soy el Capitán Hipólito Villarreal y aquí, los señores, los guardias del destacamento.

-Mucho gusto. Siéntense, por favor-, les invité.

Se sentaron a mi mesa por lo que oportunamente, comenté:

Hace poco preguntaba por ustedes; tal vez por la hora, no me atreví a visitarlos directamente a mi llegada.

-Bueno, por lo que veo, usted es un raidista…, ¿verdad?

-Sí. Con la diferencia que tengo una meta en Canadá-, expliqué y siendo más específico, aclaré: viajo al Jamboree de Niagara-on-the-Lake. Como vi que no se daban por enterados, comencé por explicar en lo que consistía internacionalmente un Jamboree.

En esos momentos, la mujer se dispuso a servir la cena a sus comensales de rutina y era obvio que el capitán se sentía atraído por ella, por la forma tan cortés, a veces afectada, con que le hablaba de las bondades de su buena mesa.

-Hasta el momento, no he recibido ninguna información sobre el paradero de su esposo-, le dijo.

La mujer sin pronunciar palabra, se sumió en una incertidumbre que ya parecía habitual. Por ello, al alejarse hacia la cocina, comenté, pero con el ánimo de obtener una respuesta.

-Parece preocupada.

-No es para menos. Hace dos semanas que Muhamad salió a vender sus telas y no ha vuelto.

¿El esposo?

-Sí, un árabe libanés-, explicó el Capitán y muy seguro comentó: Pero aparecerá. Y como dejando aflorar su admiración por la mujer, terminó: ¿Quién deja una mujer tan linda?

-Es verdad, pero de todas maneras se nota muy triste-, concluí.

¿Cuándo cree que llegará a Canadá? Me preguntó uno de los suboficiales.

-Tan solo sé que el año entrante; y aunque es muy difícil precisar una fecha, tengo que estar para el Jamboree a más tardar en el verano, o sea, entre Junio y Agosto-, aclaré.

Seguidamente le pedí al Capitán que me firmara mi álbum y él en forma muy lacónica nombró la población, fecha, y firmó como jefe de la 5a Sección de la Guardia Nacional. Como no tenía sello a la mano, al día siguiente, al despedirme, lo estampó en mi libro.

En noviembre 21, salí camino a Santiago que según mi mapa aparecía como la próxima estación.

El recorrido que hice fue más o menos el mismo que desde Balboa hasta Río Hato, con la diferencia que me detuve a descansar en una población de nombre Divisa. Me llamó mucho la atención la sencillez con que fui acogido por el Sargento #37 Jefe del Destacamento al desearme éxito en mi empresa. Recuerdo que me firmó el álbum utilizando una pluma encabador con tinta de color azul aguamarina; tengo que resaltar que la mayoría de los miembros de la Guardia Nacional panameña, tenían una caligrafía impecable, tal vez fruto de la esmerada educación en materia de escritura en los años cincuenta, disciplina que con el invento del bolígrafo, desapareció dejando su rastro, sólo en testimonios manuscritos como los que pueden hoy apreciarse en mi archivo personal, el cual he conservado a través de los años como un invaluable tesoro.

En la misma fecha, 21 de noviembre, arribé a Santiago, Provincia de Veraguas realmente agotado y, por fortuna, encontré alojamiento en el Cuartel de la Guardia Nacional sin ningún contratiempo. Al día siguiente, después de haber recibido los sellos y firmas tanto del Comandante como del Alcalde Municipal, continué mi camino a Soná, que fue el primer pueblo de importancia que encontré después de Santiago y en el cual me animé a desayunar; pues a borde de carretera me encontré con unos cuchifritos y picanterías tan deliciosas que confieso no haberlas probado antes.

Allí encontré un Teniente que me descorazonó un poco, al preguntarle por la distancia que tenía por recorrer.

-Para serle franco, encuentro muy optimista su mapa-, me dijo al constatar que yo señalaba con el índice el trayecto de Soná a la ciudad de David.

¿Hay algún error? Le pregunté; pero él, señalando el mapa me hizo ver que el trazo señalado como carretera transitable en todo tiempo, a él, le había tocado pasarlo en tan mal estado, que mas bien parecía un camino de herradura. Sin embargo, finalmente me animó diciéndome que eso había sido seis meses atrás.

¿Como cuántos pueblos encontraré, a mi paso? Indagué.

-Diez caseríos-, respondió y sonrió.

¿Pasa algo? Pregunté.

-Yo de usted, comería muy bien y llevaría para el camino, porque en esa bicicleta se va a achar por lo menos cinco días.

Estaba seguro que me estaba tomando el pelo y más lo estuve cuando leí su nota de acercamiento que me escribió en el libro; sobra decir que su caligrafía superaba la del mismo Alcalde de Santiago.

No estaba bromeando; su firma y sello en Soná aparecían el 22 de

Noviembre; de ahí, en adelante, no me interesé sino en protejer mi precioso álbum del lodo y la lluvia; la mitad del camino lo recorrí con mi bicicleta a cuestas y para colmo de males tuve que dormir donde me cogió la noche, hasta que en Boca del Monte me hospedé en un Cuartel de la Guardia. Al otro día, continué mi viaje para completar cuatro, de los cinco días de que hablaba el Teniente.

A las 10.50 horas del 26 de noviembre de 1954, me presenté en el despacho del oficial de Migración, Mayor J. Gonzalez, en su sede del Aeropuerto Enrique Malek, de la ciudad de David, la tercera en categoría por aquella época en la República de Panamá.

En David, coincidencialmente, me encontré con el árabe libanés que aparentemente había abandonado su mujer en Penonomé. Resultó que al entrar a un almacén de un turco en busca de unas medias rodilleras, al hombre le llamó la atención mi uniforme scout y entre preguntas y respuestas salió a relucir lo de mi viaje en bicicleta y por las poblaciones que había pasado.

Y digo que, coincidencialmente, porque en ese momento un hombre de cejas muy abundantes, pelo corto, crespo, y que miraba apretando los ojos como si estuviera en un desierto, se me acercó y con un acento muy peculiar, me preguntó:

¿El paisano paró en Penononé?

-Sí, señor. Fue la primera población donde dormí, después de dejar ciudad de Panamá. ¿La conoce?

-Vivo en ese móndrego pueblo, paisano; allá tengo una casita y un hotelito y una mujer, paisano, una mujer.

-Ah, entonces usted es Muhamed…

-Que le parece paisano que sí.

-Su señora se ve muy triste y la policía lo anda buscando a usted-, le advertí.

-Que le parece paisanito la problema que tiene el probe Muhamed. La majer bian bonita pero somando ventana. La majer en Beirut, era muy buena y no somaba ventana; pero venir a este país y la majer igual que las otras majeres de aquí quiere somar ventana y eso no costumbra mi país, paisano-.

-Perdóneme que le diga, pero usted debe volver y decirle que no se asome a la ventana, que a usted no le gusta.

¡Ya la ah dicho!..., por alá, Zamira, no some ventana, no some ventana, pero majer quiere ser como otras móndregas majeres y soma ventana.

Realmente aquel caso me pareció extraño y me hubiera gustado haber conocido el desenlace entre Zamira y Muhamed, pero mi tiempo apremiaba, máxime que me había comprometido a visitar a un compañero scout en la vecina población de Armuelles.

Dos días después, tuve el agrado de platicar largo rato con el jefe de patrulla scout de Puerto Armuelles.

Textualmente, anotó lo siguiente:

"En el grandioso día de mi país: Panamá, 28 noviembre de 1954, tuve el placer de conocer y estrechar la mano izquierda del hermano Israel Valderama de la Brigada no 6. Patrulla Águilas Rojas, de Colombia, Sur América".

Debo anotar que en la hermandad internacional scout, acostumbramos saludar con la mano izquierda.

En Puerto Armuelles, la última población panameña antes de iniciar mi recorrido hacia el vecino país de Costa Rica, me despedí de mis invaluables amigos de la Guardia Nacional panameña y recogí las últimas firmas para el álbum de mis recuerdos.

A la mañana siguiente, muchas personas esperábamos el tren que se supone viajaba a Golfito, la primera población costarricense después de que se pasa la frontera de migración; pero como nunca apareció, decidí emprender la marcha, incluso, bordeando la misma carrilera del ferrocarril. Tan sólo lo logré en un buen trayecto, el suficiente para llegar a una estación donde el tren de carga tarde o temprano tendría que llegar a recoger banano de las hermosas sementeras que se veían a lado y lado de la vía.

¿Cuánto hay de aquí a Golfito?, le pregunté a un campesino.

-Sesenta kilómetros, señor-, me contestó y señalándome un poste de la vía férrea, añadió: ahí se ven los números.

Aún no había terminado de hablar, cuando escuché pitar la locomotora a lo lejos.

¡Viene el tren! Gritaron unos niños saliendo a su encuentro.

Efectivamente, el tren se detuvo después de varios resoplidos a cargar racimos de banano, oportunidad que yo aproveché para presentarme ante el maquinista y pedirle que, por favor, me trasladara, en vista de que aún no había carretera hasta Golfito.

!Súbase! Me ordenó.

Aunque el trayecto lo recorrimos más o menos en una hora, pude apreciar la belleza y riqueza natural del país costarricense. Por todas partes abundaba el banano y toda clase de frutas; cultivos de café, plátano, maíz, y vi muchas hectáreas sembradas de yuca que me recordaron las de mi país, cuando se recorre la Hoya del Río Quindio en Colombia.

Hubiera querido tener alguien a mi lado, para indagarle sobre los caseríos, ríos y montañas que veía pasar pero mi condición de viajero en un tren de carga no me brindaba más alternativa que sentirme agradecido por viajar descansado y gratis.

A eso de las siete de la noche, con mi traje scout prácticamente ennegrecido por los residuos del carbón de piedra, llegamos a Golfito.

-Olvidé decirle que se hiciera en el último vagón-, me dijo el maquinista.

-No se preocupe. He pasado por peores situaciones y lo importante es que ya estoy en Costa Rica, gracias a usted.

Una vez en este país, lo primero que hice fue preguntar por el Cuartel de la Policía con el fin de conseguir alojamiento. Estuve de suerte, porque también me invitaron a la cena de esa noche.

En la mañana, salí del Cuartel a buscar un restaurante para desayunar. Me decidí por uno que encontré sobre la vía de aspecto muy limpio y pulcro. Aún no había elegido mesa, cuando escuché una voz muy suave que me invitaba a sentarme.

De entrada, me sentí sorprendido . Se trataba de una joven muy blanca y delicada que con una bella sonrisa me daba la bienvenida.

-Gracias-, le dije.

¿Desea desayunar? Me preguntó.

-Sí. Quisiera unos pericos.

Ella sonrió y vaciló pero finalmente, me preguntó:

¿Es usted colombiano, verdad?

-Sí..., ¿cómo lo sabe?

-Porque llaman a los huevos revueltos, pericos.

La joven se dirigió a la cocina y de inmediato ordenó unos huevos revueltos.

¿Desea café o chocolate?

-Prefiero un chocolate con leche.

El diálogo me dió tiempo de contemplar sus ojos divinos.

-No sabía que las costarricenses fueran tan bellas-, comenté. Ella sonrió y con cierta picardía natural, volvió a preguntarme:

¿Está de paso por Golfito?

-Sí. Voy para el Canadá-, le contesté y le explique que había llegado en el tren del día anterior. En ese momento, una cocinera anunció el desayuno. La joven lo tomó y lo puso sobre mi mesa.

-Buen provecho-, dijo.

Al acercarse, pude detallar sus manos delicadas, suaves, y unas uñas impecablemente pintadas.

-Le ayudo a mi tía los fines de semana-, comentó como si buscara justificarse.

-Por lo que veo, ella es la dueña. ¿Verdad?

De repente, su rostro se iluminó al preguntarme: ¿Ha estado antes en Canadá?

-Nunca.

Descansó el mentón de su cara sobre una de sus manos y como si soñara, dijo: debe ser muy hermoso viajar.

-Pero en mi caso es muy duro-. Comenté y como la noté extrañada le aclaré: Yo viajo en bicicleta.

¿En bicicleta, y desde Colombia?..., ¡no le puedo creer!

¿Ve esta libreta?..., aquí puede confirmar lo que digo-, le manifesté, mostrándole mi albúm de firmas y registros.

En ese momento, entraron nuevos clientes pero de todas maneras, ella tomó el libro.

-Con permiso-, se excusó.

Desde el ángulo de mi mesa observé sus movimientos; su cabellera frondosa y negra pero sobre todo sus ojos color del chocolate que contrastaban fuertemente con su piel muy blanca. Vestía una falda negra, sencilla, combinada con una blusa blanca escotada que mostraba unos senos túrgidos, abundantes. "Es la mujer más bella que he visto en mi vida"..., pensaba para mis adentros, cuando volvió a acercarse.

-Es increíble-, dijo al punto que ojeaba el libro. Debe saber muchas historias..., ¿piensa demorarse? Me preguntó como con segunda intención.

-No sé, aún no lo he decidido. ¿Por qué?

La mujer se mostró turbada y sin contestar nada se limitó a sonreir.

Finalmente, pedí la cuenta y al despedirme, le insinué:

-Me gustaría volverla a ver.

-A mí también. A propósito..., ¿cómo se llama?

-Israel. ¿Y usted?

-María Isabel-, dijo, y me informó que trabajaba hasta las tres de la tarde que regresaba su tía. A esa hora, prometí recogerla.

-Pero no aquí-, me advirtió y con una repentina ansiedad explicó: lo espero en la iglesia, ya que antes tengo que cambiarme-, y de paso me preguntó: ¿Siempre viste así?

Yo le contesté que era mi uniforme.

El resto del día lo dediqué a conocer a Golfito, visitar al señor Alcalde y una Sub-Inspección de Hacienda donde ponderaron mi viaje de acercamiento como una visita de tipo cultural y deportivo. Como la población era realmente pequeña, preferí no agotar todo mi tiempo recorriéndola ya que tuve la idea de hacerlo en compañía de mi nueva amiga.

Las horas me parecían eternas y tuve la corazonada de ir al cuartel a cambiarme de ropa, pensando que para cualquier mujer resultaba molesto caminar con un desconocido de pantalón corto y uniforme.

Era tan visible mi ansiedad, que llegué más temprano. Y como no vi a nadie por ningún lado, me senté en una banca del parque.

Era más bien un pueblo tranquilo, quizás por el aislamiento en que lo sumía la falta de una carretera.

Ese mismo día, el Alcalde me había comentado que me iba a ser muy difícil salir de allí, a no ser que lo hiciera en avioneta. Y de repente, me prometió que hablaría con unos amigos de la United Fruit.

Sonaron las tres en el reloj de la torre y como no vi llegar a nadie, me pareció normal esperar, incluso media hora más. Pasó la media hora y fue cuando decidí entrar a la iglesia.

Muy cerca al presbiterio, una mujer con los brazos abiertos imploraba ante una imagen de san Judas Tadeo y otras se dedicaban a prender veladoras. En un extremo, cubriéndose el rostro con un rebozo y discretamente arrodillada, estaba ella, muy distante de las otras. Sonrió muy levemente como invitándome a su lado.

¿Sabe rezar? Me preguntó.

-Sobre todo a las vírgenes-, le dije y ella se tapó el rostro para no reír.

¡Lo que se le ocurre! Exclamó.

Y sin esperar demasiado, musitó en mi oído: !Sígame!

Tomó por una de las naves del templo y por un corredor que conducía a unos osarios, se desvió hacia una salida.

-Vamos por acá.

¿Adónde?

-A cualquier parte.

Me dió la sensación de que quería huir de la gente.

-En este pueblo, la gente es muy chismosa-, acertó. Y yo lo aprobé.

Caminaba muy rápido y se había puesto una falda muy amplia, de boleros, como para caminar sin rumbo fijo.

¿Le gusta caminar?

-Con una muchacha tan linda, hasta Alaska- , dije, tratando de alagarla.

-Entonces, vamos al río. Y salió disparada por un caminito en declive y rodeado de matas de higuerilla. Siguiéndole el juego, salí disparado en su busca hasta que pude alcanzarla.

Al acercarme, pude sentir su aroma a mujer fresca y noté la forma tan sensual como le palpitaba el seno.

-Hace calor-, comenté. Y por decir algo, le pregunté por la proximidad del río.

-Tenemos que bajar hasta esos guaduales-, explicó señalando unos frondosos matorrales.

-Están cerca-, comenté y realmente lo estaban; de lo contrario, me hubiera parecido extraño.

-Los domingos la gente viene a pasear al río.

¿Y usted, lo hace?

-Ya no. Contestó secamente y como rehusando dar una explicación me alentó a bajar la colina.

Era un río tan plácido y cristalino pero sobre todo tan enmarcado en el área del pueblo, que parecía pasar por el patio de la casa. A lado y lado, el pasto verde y por donde quiera que miraba, los sauces inclinados parecían que remojaran sus cabelleras en el agua.

¿Es muy lindo, verdad?

¡Precioso! Exclamé y añadí con cierto temor: Como tú, y perdona que te tutee.

-Suena bonito.

¿El tutearte?

-No. La forma en que me compara con las cosas.

-No existe cosa por hermosa que sea, que haga justicia a tu belleza-, le dije clavando mi pupila en su pupila color del chocolate.

-Me va hacer ruborizar.

¿Nunca te han dicho que eres muy bella?

Ella bajó los ojos y sonrió.

-Mejor caminemos-, dijo.

Entonces seguimos por la orilla del río y noté que, perezosamente, repetidas veces, se venía hacia mí.

-Dan ganas de sentarse a descansar-, comentó.

-Eres una perezosa-, le dije a manera de broma y ella aceleró el paso con actitud cínica acompañada de una risa desganada, pero siempre sensual, provocativa.

¡A que no me alcanzas! Gritó.

Quería jugar. Salí detrás de ella pero siempre dejándola escapar. Sabía que buscaba el guadual para esconderse y huir de mí, como si ese fuera el juego para al final encontrarnos.

Y así fue. Llegó el momento en que la tuve frente a mí, cogida de sus brazos, sintiendo el aleteo de sus pechos y respirando en silencio.

-Tengo miedo-, dijo.

-No tengas miedo-, le dije. –Caminemos, así te darás cuenta que no hay nada que temer-, añadí dándole tranquilidad.

Y se ciñó a mí, trémula, intranquila y como era más baja que yo, la cobijé con mi brazo derecho estrechándola con delicadeza para no perder, por culpa de mi instinto, su delicado aroma de mujer.

Caminamos, dejándonos llevar del abandono del río, de la tarde bella y de un sol cobrizo que ya comenzaba a ocultarse en el horizonte.

-Está anocheciendo-, dijo.

-Mejor-, comenté sonriendo.

¡Eres un pícaro!

-Me gusta que me tutees; ya era hora.

¿De qué?

-Nunca se sabe.

Y no se por qué toqué sus pechos duros, dormidos.

-Descansemos un poco-, dijo sonriendo pero con voz temblorosa como de mujer en celo.

Nos metimos debajo de unos sicomoros que apenas estaban creciendo y donde el pasto era como un tapete. Allí, en ese improvisado paraíso, del hermoso país de las frutas, entregué por primera vez y como un estudiante, mi inexperto corazón.

Al otro día, a la hora del almuerzo, volvi a buscarla y al pasar por la plaza me entraron ganas de comprarle una flor; escogí la rosa encendida más bella y me la llevé escondida. En el camino, iba pensando lo que iba a decirle, tal vez robándome las palabras de algún libro y confesarle mi repentino amor. Pero a la entrada del restaurante, una mujer gorda y resuelta tiraba agua y barría la cera. Al observarme con deseos de entrar, objetó: ¡No hay servicio!

Me sentí confuso pero de todas maneras, pregunté:

¿Podría hablar con María Isabel, por favor?

¿Cuál María Isabel?

-Pues, si usted es la dueña del restaurante..., su sobrina-, aclaré.

La mujer paró de barrer.

-Vea señor, si usted busca a la muchacha que trabajó aquí ayer, esta mañana se fue en el tren con su marido y no sé para dónde.

¿María Isabel?

-Vea señor, por suerte, me di cuenta que anda con un tipo que la sacó de una casa de citas; así que la eché esta mañana. Y hasta donde yo sé, se llama Miryam.

Hice un ademán como queriendo describirla...

-Sí, sí, blanca de pelo negro y abundante, hasta muy bonita pero con muchos enredos-. Hizo una pausa, y me preguntó: ¿Por qué, le paso algo?

-No, nada-, respondí desilusionado.

La mujer se entró dejando la puerta entreabierta y al fondo escuché:

¿Pasa algo, señora?

-No. Los líos de la tal Miryam. Ahí, como que dejó plantado a un muchacho-. Sentí que removió unos taburetes y organizó unas mesas, al punto que anexaba: Pobrecito, traía una rosa en la mano-. Y terminó: ¡Eso le pasa por güevón!

Despechado, abandoné aquel lugar. Me puse a caminar sin sentido por el parque del pueblo y deambulé por todas partes, sin rumbo fijo, hasta que opté por sentarme en una banca del parque a tomar el sol.

Allí recordé mis días de estudiante y se me vino a la mente un romance del poeta español Federico García Lorca que hablaba, en términos de lo que yo había vivido, de una "casada infiel".

LA CASADA INFIEL

Y yo me la llevé al río
creyendo que era mozuela,
pero tenía marido.
Fue la noche de Santiago
y casi por compromiso.
Se apagaron los faroles
y se encendieron los grillos.
En las últimas esquinas
toqué sus pechos dormidos,

y se me abrieron de pronto
como ramos de jacintos.
El almidón de su enagua
me sonaba en el oído,
como una pieza de seda
rasgada por diez cuchillos.
Sin luz de plata en sus copas
los árboles han crecido,
y un horizonte de perros
ladra muy lejos del río.
Pasadas las zarzamoras,
los juncos y los espinos,
bajo su mata de pelo
hice un hoyo sobre el limo.

Yo me quité la corbata.
Ella se quitó el vestido.
Yo, el cinturón con revólver.
Ella, su cuatro corpiños.
Ni nardos ni caracolas
tienen el cutis tan fino,
ni los cristales con luna
relumbran con ese brillo.
Sus muslos se me escapaban
como peces sorprendidos,
la mitad llenos de lumbre,
la mitad llenos de frío.
Aquella noche corrí
el mejor de los caminos,
montado en potra de nácar

sin bridas y sin estribos.
No quiero decir, por hombre,
las cosas que ella me dijo.
La luz del entendimiento
me hace ser muy comedido.
Sucia de besos y arena,
yo me la llevé del río.
Con el aire se batían
las espadas de los lirios.
Me porté como quien soy:
como un gitano legítimo.
La regalé un costurero
grande de raso pajizo,
y no quise enamorarme
porque, teniendo marido,
me dijo que era mozuela
cuando la llevaba al río.

ETAPA OCHO

*Costa Rica: el país más parecido a mi tierra. Me encuentro con un
raidista argentino y a pesar de la guerra fría entre "ticos y "nicas",
logro pasar a Darío, Nicaragua, la tierra del "Divino Indio"*

Aún en Golfito, me cogió el mes de diciembre. Faltaba
un mes exacto para terminar el año de 1954, y apenas estaba
entrando a Costa Rica.

-Estos países centroamericanos son muy pequeños-, me aclaró
alguien a quien yo le comentaba mi preocupación de no llegar a
tiempo al Jamboree de Niagara-on -the- Lake-, en Canadá.

Tan pequeños, que a mi paso, tuve tiempo de trabajar, estar
hospitalizado y hasta muchas veces privado de mi libertad por
algún mal entendido o la cosa más baladí.

El 2 de diciembre de 1954, recibí del Señor García, Alcalde
Municipal de Golfito una citación para presentarme en su
despacho.

-Le tengo una buena noticia, amigo-, me dijo y seguidamente me
informó que la United Fruit, me había permitido volar en una
de sus avionetas en un vuelo de rutina a San Isidro del General.

-Aquí tiene la autorización que debe presentarle al Capitán-, me

Tropa scout del Colegio Bolivariano de Medellín, de la cual había hecho yo parte, preparándose para el desfile en la mañana del 7 de agosto de 1954 en conmemoración de la batalla de Boyacá.

Horas más tarde sobre la Avenida Colombia de Medellín, listo para iniciar mi viaje al Jamboree de Canadá.

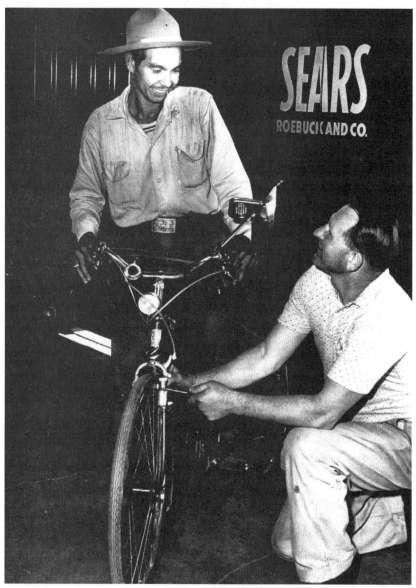

En la tienda Simpson Sears de Tucson, Arizona, el gerente, al enterarse de mi proeza, ordenó para mi una bicicleta. Como no me la podía regalar, me hizo firmar una factura de compra por $0,38 cts. En esta fotografía de 1955, un mecánico del mismo almacén ajusta los frenos delanteros de la nueva máquina.

Estadio Rose Bowl de Pasadena, California. Allí participé, por primera vez, de una gran congragación de 70.000 scouts de diversas partes de los Estadosd Unidos, en 1955.

Fotografía de mi primer contacto con boy scouts canadienses, a mi llegada a Regina, Saskachewan, en julio de 1955.

A mi paso por Winneped, Manitoba, en julio de 1955, fui invitado a un campamento scout.

Campamento scout en Winneped, Provincia de Manitoba, julio de 1955.

Al llegar a Ontario en un campamento scout en el área de Oakville, en julio de 1955.

Mi arribo triunfal a la gran ciudad de Toronto, Ontario, Canadá. En este recorte de prensa, hace 50 años, el "Globe and Mail", el diario más importante de Canadá me da la bienvenida.

—Star Photo by Jack Marshall

A mi arribo en Toronto, Ontario, Canadá, con Christina Omana y Edith MacBride del Consulado General de Colombia. En esta fotogría de Jack Marshall del "Toronto Star News" me dan la bienvenida.

"The Second Oakville" Mi primera tropa en Canadá, dos años después, en diciembre de 1957. Oakville, Ontario.

Agosto 8 de 1962, en Toronto, Ontario, ya organizado y radicado definitavemente en Canadá, mi nueva patria de adopción.

Israel Valderrama acompañado de Juanito (John Barneveld) en
La Habra, California.
Julio de 1970

Israel Valderrama con su esposa Argelia
acompañados de sus nietos en la intimidad de su hogar.
Burlington, Ontario, Canadá.
2005

Scoutmaster Israel Valderrama.
Burlington, Ontario.
Agosto 2005

Despues de pedalear 25.000 kilometros y atravesar 10 paises, finalmente, la meta tan ansiada: Boy Scout Jamboree en Niagara-On-The-Lake, Ontario, Canadá.

Mrs Olive Baden Powell, viuda del fundador del escultismo.
Niagara-on-the-Lake.
Julio de 1955.

dijo entregándome una nota escrita.

-Muchas gracias, Señor García-, le dije y me despedí de él, ya que saldría esa misma tarde.

"Cuanto más rápido mejor", pensé. Necesitaba cambiar de ambiente, abrigar otras ilusiones, conocer otros pueblos y ciudades y así olvidar mi encuentro con aquella mujer desconocida y mi efímera ilusión.

Como el piloto resultó ser un Capitán americano, el único diálogo durante el vuelo fue nuestro saludo de llegada.

-Buenas días-. Era lo único que sabía decir en español; incluso lo decía, aún en horas de la tarde.

Tuvimos un vuelo muy normal y como era relativamente corto, escasamente tuve tiempo de mirar, desde la avioneta, la belleza indescriptible del país costarricense. Cada día se me parecía más a mi tierra, hasta en las bondades de su agradable clima.

Llegamos a San Isidro del General, a eso de las cuatro de la tarde. El americano, parece que traía instrucciones del Alcalde de Golfito de ayudarme porque sin hablar una palabra me puso en contacto con un jefe político de Pérez Zeledón, el cual me recibió muy afablemente.

¡Buenas días! Volvió a desearme el americano y desapareció.

Instalado en el Cuartel de la Policía de San Isidro, comencé por hacer un estudio del recorrido en el mapa hasta Cartago, la población que según el croquis encontraría a unos cien kilómetros o más. Uno de los policías que me observaba señalando la ruta sobre el mapa, me advirtió: ahora si le va tocar trepar a pie o en bicicleta-, y acercándose, con la punta de una estilográfica me resaltó sobre el mapa la zona montañosa.

¿Ve esta espesura en tintilla azul?..., todo eso es la Cordillera de Talamanca. ¿Y esta punta aquí, con iniciales y un 3.505?..., pues esos son los metros sobre el nivel del mar. Eso tiene de elevación, el Cerro de la Muerte y usted tiene que pasar por ahí. Dijo sin ningún consuelo.

¿Y cómo está la carretera?

-En construcción. El mapa lo dice. ¿A propósito de qué año es esa publicación? Preguntó el oficial y volteándolo por los extremos, buscó por todas partes.

-No tiene fecha-, concluyó.

-Yo creo que son de este año, o del 53, porque tienen todo lo referente a la Carretera Panamericana-, aclaré sacando otros mapas Esso, que llevaba siempre conmigo.

-Con mapa o sin mapa, le espera un camino muy duro; yo, en su caso, estaría durmiendo-, dijo el hombre.

Lo que ignoraba el oficial, era que yo venía de uno de los paises más montañosos del mundo donde personajes como Ramón Hoyos Vallejo, Efraín Forero Triviño, Martín "Cochise" Rodriguez, Carlitos Montoya, la "Pulga" Gallego y cientos de ciclistas más, estaban enseñados a devorar montañas, en bicicletas especiales y dotadas de cambios para escarabajos humanos. Claro está que ellos para sus proezas los acompañaban masajistas, alimentadores, carros transmóviles acompañándoles listos a entregarles una nueva bicicleta cuando pinchaban o perdían alguna; en otras palabras, contaban con el apoyo de patrocinadores ricos dispuestos a cuidar de su alimentación, estado físico, gustos especiales, vestido, a cambio de estampar sobre su camisetas el nombre de su firmas.

En cambio los raidistas, como yo, nos lanzábamos a recorrer el mundo amparados en la solidaridad ciudadana y si como en mi caso, alguien se ofrecía al patrocinio, eso no pasaba de una etapa o dos y en condiciones tan económicas que uno no pasaba de conseguir más que una bicicleta de turismo con trinquetera sólo eficaz para terrenos planos. Así que sin demeritar a ningún campeón, el esfuerzo de uno ante una montaña y con carretera destapada, era mayúsculo, máxime que la mayoría de las veces terminaba uno ascendiendo a pie.

Esa era mi batalla y estaba dispuesto a cumplirla; por eso, siguiendo el consejo del oficial, me acosté a dormir para estar bien preparado para la jornada de la mañana siguiente.

Por recomendación de un camionero que conocía la carretera, salí más temprano de lo que pensaba, ya que según él, llovia mucho en la tarde.

La carretera no solo resultó más pendiente de lo que esperaba sino también en su mayor parte destapada. Tenía demasiados tramos en construcción y el barro amarillo, liso y pegajoso a la vez, resultaba difícil de sortear; por más que intentara pedalear, no era terreno apto para bicicleta y la mayor parte tuve que hacerla casi que arrastrando la máquina. Y para colmo de males, no encontré, al menos, algún lugar cómodo para descansar con excepción de dos o tres ranchos semiabandonados y retirados de la carretera.

Confieso que ni siquiera en Antioquia, había subido una cordillera de esta altura, al menos en cicla o a pie. A pesar del frío, sentía mi cuerpo caliente y mis piernas me temblaban porque había sido imposible para mí mantener el ritmo: unas veces en cicla, otras caminando, acababa uno con los músculos desincronizados y entonces sobrevenían los calambres.

Tirado en el suelo y mareado por el excesivo esfuerzo, me encontró el chofer de un camioncito 3/4, marca Ford, que subía con cañabrava. Como vi que se detuvo, le pregunté:

¿Falta mucho para el Cerro de la Muerte?

-Apenas está iniciando. Si quiere, súbase-, me respondió.

No sabía que hacer, cuando el hombre con mucha lógica dijo:

-Me pego yo con este camión…, ahora usted con esa bicicleta. !Súbase hombre…, o al menos, agárrese de un tronco de esos!, gritó.

Vi que unos varillones salían de la carrocería y me pegué a uno de ellos, olvidándome de viejas promesas imposibles de cumplir. De todas maneras, así fuera arrastrado por una locomotora, seguía firme y montado en mi bicicleta. ¿Al final, quién puede ufanarse de haber trepado una montaña de 3.505 metros sobre el nivel del mar, con una bicicleta de ochenta libras de peso y contrapedal?

El motor del camioncito rugía como un tigre subiendo la montaña y detrás del camioncito seguía yo pegado muerto de la dicha hasta que el chofer se detuvo donde más se sentía el frío.

-Estamos en el Cerro de la Muerte-, dijo.

-Ya sé por qué lo llaman así-, comenté. Y al observar que el camionero se dirigía al campamento, reaccioné: le quedo muy agradecido-, le dije.

¿No va a entrar al campamento?

Por un momento dudé.

-Venga. Me dijo invitándome y corroboró: aquí trabajan unos ingenieros forestales.

Estaban tomando café y al vernos nos invitaron a sendas tazas.

Acto seguido, me presenté y expuse que hacía una gira de buena voluntad con el propósito de asistir al Jamboree de Canadá.

¡Él es canadiense! Exclamó uno de los ingenieros señalando a otro de los presentes.

-Sí, mucho gusto-, dijo en un tono muy alegre.

-Mucho gusto-, le contesté y no había duda de que lo sentía;

pues, era la primera vez que me encontraba y, a boca de jarro, con un canadiense de verdad.

-Dicen que su país es muy hermoso-, comenté.

¡Y muy grande! Exclamó con la misma euforia.

¿Cree usted que llegaré a su país?..., a veces pienso que está demasiado lejos- le dije, más bien buscando sacar información.

-No se preocupe; lo mismo pensaba yo cuando venía para acá. Ahora, no tenga mucho afán, porque por esta fecha, comienza a recrudecerse el invierno-, comentó y como se dio cuenta que tiritaba de frío, dijo:

-Si siente frío, aquí, en este montecito, allá se va a morir-, dijo en broma.

Tomamos el café y posteriormente cuando entré en conversación con los otros ingenieros, me comentaron que estaban haciendo unos análisis de maderas en esa región, auspiciados por una compañía canadiense.

En el momento que quise despedirme y agradecer la breve hospitalidad de los ingenieros, el extranjero me preguntó:

¿Y para qué Provincia viaja?

-Para Niagara-on-the-Lake>, contesté, porque era realmente lo que sabía.

-Ah, va para Ontario, explicó; me hizo un gesto invitándome a que lo esperara unos minutos, entró a su campamento y salió con algo en la mano.

-Tome, llévese este mapa de Canadá, yo no lo necesito-, dijo.

Yo me sentí muy complacido y al abrirlo, el ingeniero me hizo un seguimiento de mi probable ruta e incluso me la demarcó, señalándome con exactitud la meta final.

Nuevamente, sobre la carretera, me preparé para el descenso via Cartago, la próxima población después de San Isidro del General.

Bajar de un pico de nevado de 3.505 metros de altura por una carretera llena de curvas, además de placentero resultaba para mí peligroso; pero como repetidas veces había pasado por ese mismo trajín y disfrutaba, digamos, de una amplia experiencia, descolgué en un tiempo record de 45 minutos para llegar a Cartago; en esta población, di escasamente una vuelta por la plaza en busca de una limonada y como no sentía cansancio alguno me disponía a continuar cuando se me acercó un ciclista con aspecto de raidista.

¿Hola Che, vos también andás en gira? Expresó llanamente y completó: ¡Macanudo!..., vas pa México o Panamá, una de dos.

-No. Viajo a un Jamboree, en Canadá.

¡Che, si te metiste en la gorda!

Conversanso con el argentino, me contó que venía de Panamá sin rumbo fijo. -Duermo donde me coge la noche; inicio una etapa, cambio de meta, unas veces en bicicleta, otras a pie, me dan o pido un aventón-. Dijo y casi gritando, exclamó: ¡Che, no te rompas las bolas!..., lo importante es llegar sano y salvo a cualquier punto y una vez allí, no se sabe qué pase. ¿Te das cuenta?

Obviamente, el argentino se me pegó y yo no me opuse, ya que en cierta forma me llamaba la atención la forma descomplicada con que viajaba. Su bicicleta, italiana, toda color plata me llamó poderosamente la atención.

-Esto no pesa, Che, es aluminio; es la nueva técnica europea y según dicen, son más resistentes. Levántala- , me dijo.

Lo hice y quedé sorprendido. Comparando, mi Phillis holandesa, era tres veces más pesada, aunque obviamente más sólida y fuerte, razón misma de su peso.

La compañía del argentino me resultó un tanto agradable; hablaba, sin tragar saliva sobre sus aventuras, anécdotas, mujeres que había conocido, licores que había bebido y se mofaba de no haber trabajado un solo día, en su vida.

¿Y cómo haces para no trabajar?, le pregunté extrañado.

-Deja que trabajen las hembras, Ché, tú…, ¡tírate al lado!, exclamó muy convencido.

El hombre era bastante joven, blanco, alto, de ojos muy claros y de cabello tirando a color cenizo. Podía decirse que era un tipo buen mozo y de aspecto afable, espontáneo, distinguido.

Era un abre puertas de primera categoría; más se demoraba en llegar a cualquier lugar, que estar ya en conversación con quien fuera, sin importarle, color, sexo, raza, religión o idioma, porque chapuceaba varios, hasta alemán. Más adelante, me contaría que se había criado en Europa y que sus padres eran italianos de ascendencia holandesa.

En compañía del argentino, llegé a San José de Costa Rica, la capital.

San José de Costa Rica, me daba la impresión que estaba situada en una lomita, porque a medida que avanzábamos sentíamos que trepabamos por una serie de colinitas suaves, respingadas. El paisaje, no podía ser más hermoso y, cada vez, esta tierra se me parecía más a la mía. Tuve que constatar con mi llegada, que no sólo la tierra sino también las gentes, en sus costumbres, acento y rasgos personales eran muy parecidos a la gente del interior de Colombia, al denominado por la época, el cachaco. Similitudes interesantes, observé también en Panamá, cuyos tipo humanos y costumbres no distaban mucho del costeño nuestro o de los pueblos a lo largo del Litoral Caribe.

El costarricense me pareció acogedor y hospitalario; gente

honrada y de sanas costumbres, mientras que su país, tierra tropical, húmeda, y con dos mares, se perfilaba como una de las más prósperas y ricas de Centroamérica.

Ya en la ciudad, le pedí al argentino que buscaramos un Cuartel de la Policía.

¿Y pa qué esos boludos, Ché?

Le expliqué que además de llevar una rigorosa constancia de mi itinerario con sellos y firmas, era una forma de conseguir hospedaje y así financiarme los gastos.

-Ché, y pa' que están las hembras. Aguanta no más que yo me encargo de eso. Vamos a pedir las firmas pa' tu cuaderno pero no hables más..., ¿Entendido?

Nos presentamos ante la Comandancia de la Guardia Civil, Segunda Compañía, de San José, el 4 de Diciembre, ante el Comandante Luis Guillermo Campos Arredondo quien nos recibió y de paso me firmó el libro deseándonos mucha suerte en nuestra gira. Allí me di cuenta que el argentino se llamaba, Ramón H. Silva.

Por suerte, como era mi costumbre, le pedí al Comandante albergue en el Cuartel de la Guardia Civil, por dos o tres días, mientras que obteníamos nuestras visas para entrar a Nicaragua. Por problemas en las relaciones diplomáticas entre ambos países, puesto que se comentaba que estaban ante la amenaza de un conflicto armado, tan sólo logramos ser atendidos el 10 de Diciembre, día en el cual, el Cónsul de Nicaragua en San José nos concedió los permisos de entrada a su país y me firmó el libro deseándonos éxitos en nuestra gira por las Américas.

En la tarde del día siguiente, el argentino apareció con dos damas a invitarme a tomar un refresco a un salón o fuente de soda familiar.

Dirigidos por ellas, entramos a un salón de té, donde obviamente fuimos generosamente atendidos.

-Ramón nos ha contado de las incomodidades en el Cuartel y con gusto, vamos a hospedarlos en nuestra casa-, me dijo, una de ellas, la más conversadora.

Yo miré al argentino y de paso comenté que estábamos en un Cuartel sin ningún tipo de lujos pero limpio y cómodo.

-Y yo no digo lo contrario, Ché, pero cómo las vamos a dejar con los cuartos listos. ¿Verdad, Esthercita?

-Por supuesto-, contestó ella y dijo: Además no vivimos solas. Mi madre se encantará con la compañía de unas personas como ustedes.

La otra, Josefita, la que se suponía que era mi pareja se limitaba a sonreír y con un brillo en sus ojos aprobaba todo lo que decía su hermana.

Por sus modales en la mesa y su porte, de inmediato comprendí que eran gente distinguida, de clase y, eso precisamente, me preocupaba porque yo no sabía si ese personaje tan encantador era un gentilhombre o un bandido.

Al terminar nuestro refresco, salimos a pasear por el parque; era un día viernes y numerosas parejas se daban cita allí, para dar vueltas interminables a la luz de los faroles. Era un lugar romántico y el argentino, desde el primer momento, comenzó a sacarle partido.

-Los sábados viene más gente-, fue lo único que dijo mi compañera, una mujer absolutamente sumida en el silencio.

-Convérsale-, me decía el argentino pero yo lo único que lograba era hacerla reír tímidamente.

-Usted es muy chistoso-, fue lo último que me dijo cuando le contaba mis aventuras en bicicleta.

En cambio, el Ramón, ya había logrado mucho, porque con el pretexto de adivinarle la suerte a su pareja ya la tenía de la mano.

Cayendo la tarde, Josefita se mostró preocupada por lo que estuviera pensando su mamá y le pidió a su hermana irnos para la casa. El argentino muy solícito, habló del gusto que nos iba a dar conocer a la señora, y en un instante de fugaz recato, manifestó sentirse apenado.

-No se preocupen, que es con mucho gusto-, dijo Esthercita.

Caminamos por unas calzadas tipo colonial para entrar a una pulcra avenida sembrada de ceibas y palmeras. Se detuvieron en una hermosa casona tipo español que con las puertas abiertas lo invitaba a uno a seguir. En el interior, nos encontramos con un precioso contraportón caoba oscuro que a través de cuatro vitrales opacos pero repujados en arabescos, dejaban traslucir las sombras. De inmediato, una criada nos abrió y con un caluroso saludo nos pidió disculpas mientras llamaba a la señora.

-Señora Bernarda, ya están aquí las señoritas con unos caballeros-, dijo.

La señora, una verdadera matrona, salió a recibirnos con tanta espontaneidad que nos sentimos repentinamente acogidos.

-Esta es su casa, señores- dijo, con mucha garbo al hablar.

Hasta donde alcanzaba mi mirada, estábamos en una casona con un patio interior tipo andaluz atiborrado de anturios, azucenas, helechos, rosales, y toda clase de veraneras; por las paredes se escurrían las trepadores como buscando el chorro de agua de una fuente. Alrededor del patio, los corredores daban la vuelta hasta formar un cuadrado enmosaicado en baldosinas de dos colores, de un brillo impecable.

-Ché, si pintaramos de color blanco, todo lo que se ve aquí en caoba, diría que estamos en casa de mis abuelos en el Mediterráneo-, dijo el argentino. Yo fui más modesto y simplemente comenté que en Cartagena, era muy común ese tipo de casonas.

-Nos da mucha pena que se pongan a molestarse-, insistí.

-Esta es una casa de diez habitaciones, así que no hay por qué preocuparse-, aclaró gentilmente la señora.

Después de sentarnos, comenzamos por narrarle a la anfitriona de nuestras aventuras y específicamente de mi propósito de llegar al Jamboree de Niagara.

¡Es increíble! Expresó vehementemente la señora.

-Con permiso. Dijo alguien al presentarse en la sala. –Estoy a sus órdenes, señorita-, añadió.

-Espera unos minutos, Tomás. Los señores van a tomar por lo pronto un café-, explicó Esthercita.

-Como usted mande, señorita-, se disculpó.

-Tomás es el chofer de la casa y es quien los va a acompañar a traer sus pertenencias.

Traté de explicar que no era necesario, pero Ramón se anticipó aceptando el servicio.

Tomamos el café y después de una breve pausa salimos a tomar el auto para el Cuartel.

-Qué auto tan bello tienes, Esthercita-, dijo mi compañero y completó sin ruborizarse: uno parecido me tocó abandonar en Buenos Aires; bueno, es una historia para llorar..., ¿no es así, Ché? dijo mirándome.

Era un auto Ford 54 color azul con capota blanca de dos puertas, impecablemente mantenido por su chofer, un hombre delgado, más bien con aspecto de barbero y pulcramente vestido. Al montarnos, Ramón con habilidad sorprendente, incentivó a hablar al chofer de las niñas.

-Se nota un vacío de alguien en esta casa- dijo, en busca de algún comentario.

-Desde que murió el señor, ellas han estado muy confundidas, pues Don Rafa lo manejaba todo; por fortuna, al sentirse mal, comenzó a delegar funciones en la señorita Esther y ella es la que maneja con Doña Bernarda, los bienes raíces de la familia-, comentó el chofer.

-Me imagino, la dificultad para manejar haciendas, ganado...

-No, no, Don Rafa decía que para hijas mujeres, nada igual como las casas. Es así, que estas señoritas son dueñas de medio pueblo.

-Tendrán sus pretendientes, por lo menos-. Arguyó Ramón.

-La menor parece interesarle únicamente la lectura, por eso, le recetaron anteojos; y la señorita Esther con los oídos puestos en las radionovelas, esperando el príncipe azul, ya la están cogiendo los años.

-Anda como en los..., comentó el Ramón tratando de sacar la edad.

¡Cuidado!..., para ellas, eso es un tema de cocineros.

-No, es que la veo muy joven-, corrigió. Mentía, porque era evidente que sobrepasaba los treinta. Y en esa época, era la edad de la soltcrona.

-Ella se fascinó con un ingeniero canadiense que vino a un estudio de maderas aquí, en San José. Lo atendieron como a un príncipe, pero no han vuelto a saber nada-, completó el chofer.

¿Canadiense?

-Sí, ella es fascinada con los extranjeros.

El motorista se detuvo al llegar al cuartel y antes de que dejáramos el auto, le pidió:

-Que no se ofrezca comentar nada de esto.   ¿De acuerdo,

señores?

-No se preocupe, al fin y al cabo estamos de paso-, justificó.

Recogimos nuestras pertenencias y después de haber agradecido a los oficiales de turno, salimos nuevamente a tomar el auto.

Como cabía sólo una bicicleta, me ofrecí a seguirlos de regreso a la casona; a través del vidrio, observé que el argentino gesticulaba y envolvia al chofer en una red de preguntas y respuestas.

Pasamos cinco días hospedados con la familia Villaquirán, los suficientes para darnos cuenta de sus amistades, su exquisita mesa y su grupo de servientes. Nos pusieron en contacto con el embajador argentino en San José, y la colonia boliviana que separadamente nos ofrecieron espléndidos agasajos, como consta en mi álbum.

El Ford 54, convertible, cambió de motorista, ya que Ramón acabó por convencer a Esthercita de convertirse por unos días en su abnegado chofer en nuestros paseos en grupo, conociendo la hermosa región del Irazú.

Ya en casa, Josefita, tejía, leía, tocaba el piano y solía entretenerse en su ratos libres jugando parqués y a las damas chinas.

Esthercita, en cambio, disfrutaba cuidando el jardín y siempre todas las mañanas ordenaba al jardinero colocar nuevas rosas en el cuarto del argentino. Al mío, enviaba margaritas.

Una vez, escuché que le decía:

-Tus rosas son muy hermosas, Esthercita, pero las mías, que son como las nuestras, son todavia más bellas.

La mujer se mostró confusa, pero quedó como un loto desmayado, cuando el hábil dicharachero, le pronunció tomándole las manos:

¡Porque esas las llevo dentro!

En otra ocasión, después de tomar un chocolate y jugar por largo rato a las damas chinas, se sentaron muy cerca a nosotros, pero furtivamente, detrás de un sillón. Yo sentía un balbuceo del hombre, como si rezara, y de repente, por entre los comodines se jugaban entre los vocablos, débiles gemidos como si alguien llorara. Por encima del espaldar del sofá, pude apreciar las cabelleras aproximarse pero siempre furtivas, nerviosas.

En esa noche, al acostarnos, antes de separarnos le pregunté:

¿Hola, Ché, quién estaba como sollozando?

-Pues quien iba a ser, Ché boludo, yo, en persona-. Y cínicamente, completó: ¡A las mujeres hay que llorarles hasta que lo larguen! Qué marrullero y hábil con las mujeres era el argentino. Recuerdo que en Medellín, tuve opotunidad de conocer varios tipos con esa clase de recursos para doblegar una mujer y, simplemente, decían con la mayor naturalidad: ¡Quien no llora no mama!

Y llegó el 15 de diciembre, fecha que yo forzosamente había señalado para reiniciar la marcha. Sorprendentemente, el "Palillo Barranquillero" había ganado, en esos cinco inolvidables días de sirvientes y buena mesa, algunas libras más, de mi peso acostumbrado. "Son un peligroso lastre que hay que botar", pensé.

Sin embargo, con el argumento de que al día siguiente se celebraba el primer día de Nochebuena, no nos dejaron partir. Todo lo contrario, como era una familia de costumbres y tradiciones cristianas se pusieron a armar un pesebre y como es obvio, terminamos por formar parte de la comitiva.

El asunto del pesebre, nos demoró casi hasta la madrugada; la señora de la casa vencida por el cansancio, se quedó dormida en un sofá de la sala y a Josefita y a mí, apenas nos alcanzaba el tiempo para hacer los últimos retoques y ubicar sobre el musgo traído de las montañas, los últimos animalitos y casitas en miniatura. Esthercita se había ido a buscar al cuarto del reflujo los juegos de luces y Ramón con el pretexto de que se estaba demorando había salido a buscarla.

¿Por qué no llama a su amigo? Me insinuó Josefita, mirando nerviosamente a su madre que roncaba en pleno. Y como observó que yo vacilaba sobre qué rumbo tomar, me señaló hacia el desván.

Estaba más bien oscuro pero en el cuarto se veía luz. Sin anunciarme, entré, pero me detuve al escuchar el gemido inconfundible de una mujer, quizás después de toda una vida de abstinencia, deliciosamente abandonada al placer.

Después de muchos días de asedio, el veterano creador de ensueños había cobrado su presa. Esa era realmente su aventura.

Al volver al sitio del pesebre, expliqué a la hermana que estaban desenredando los cables y chequiando los bombillos fundidos. A veces pienso, que en cierta forma, no mentí.

La noches al pie del pesebre los unieron más y el corazón desbordado de la señorita Esther Villaquirán saltaba lleno de júbilo con los villancicos y rezos.

-Me voy el próximo lunes 21 de diciembre-, dije una vez con tanta firmeza que comprendieron que había decidido seguir solo.

¿Pero y la noche de Navidad?

-Para nosotros todo diciembre es Navidad-, argüí como buen colombiano y lo dije en una forma tan tajante que nadie objetó nada. Lo sorprendente fue cuando el argentino, comentó:

-Sí, nos tenemos que ir.

Aunque no era lo que yo esperaba, le seguí la corriente y todo quedó arreglado para el 21 de diciembre.

La despedida no pudo ser más patética y mientras que Josefita nos despidió feliz, la señorita Esther se negó a bajar de su alcoba.

-Tiene roto el corazón y no sé el porqué-, comentó la madre. Josefita opinó que seguramente, Ramón, le había recordado al ingeniero canadiense y que por eso se negaba a despedirnos pero, de todas maneras, había dejado unos regalos para nosotros. El argentino intentó abrir el pequeño paquete que le correspondía pero Josefita le insinuó:

-Por favor, después.

Doña Bernarda, muy seria, parecía ensimismada entre la incertidumbre y la curiosidad.

De todas maneras, continuamos nuestro camino. Como éramos dos, no temí salir un poco tarde, ya que debíamos aprovechar que el día estaba claro y soleado.

A nuestras espaldas, a lo lejos, dejábamos el volcán Irazú y la bella ciudad de San José. De la capital hasta Alajuela, pasando por Heredia, descolgamos tan rápidamente que no sentimos el trayecto. Sin embargo, fiel a mi costumbre, visitamos el Alcalde Municipal quien nos recibió en su despacho, firmando mi libro y anotando sus impresiones. De paso, una maestra de escuela, nos invitó a visitar las aulas y nos presentó ante los niños como modelos de tenacidad y perseverancia. Espontáneamente, uno de los niños sacó de su pupitre unos caramelos y me los entregó en forma tan generosa, que lo abracé llamándole campeón. Esto me dio la idea de hacer de mi viaje algo constructivo y didáctico para los niños, así no fueran scouts.

Cuando salí del salón de clase, encontré a Ramón sentado en el piso del corredor. Tenía una esquelita rosada y perfumada dirigida a él, como "Mi amor", en una letra a tinta negra tan preciosa que parecía escrita por un ángel. En otro sobre, entre una tarjeta de Navidad, $200 dólares americanos.

-Escucha, Ché-, dijo leyendo el contenido de la esquelita.

Mi amor:

Aún no logro entender si fui para ti una aventura; pero por lo feliz que me hiciste, recibe nuevamente mi corazón y todo su amor.

Cuando manejabas mi auto, siempre te vi como el hombre capaz de manejarlo todo y sentí alivio de que alguien llegara a nuestras vidas y reemplazara con su inteligencia, el vacío dejado por mi padre para administrar nuestros bienes. Pero no fue así, elegiste ser raidista.

Como me imagino las dificultades a las que tendrán que enfrentarse, anexo a esta nota, esa pequeña suma, deseándoles mucha suerte; porque si fácilmente te entregué mi corazón, dándome a mí misma, me es mucho más fácil dar de lo que poseo.

Siempre tuya, Esther.

-Escuchaste esto, Ché colombiano..., !la tengo en mis brazos! Y abanicando los dólares, comenzó a bailar al ritmo de un viejo tango que hablaba de "volver, con la frente marchita..."

¿Y qué esperas para regresar? Le dije.

-Qué poco sabes de mujeres, boludo. Hay que dejarla sufrir un poco más.

El granuja se apenó cuando notó que no me gustaba que tan a menudo me tratara de huevón.

-Olvidate Ché-, rectificó.

De Alajuela a Naranjo subimos una pequeña pendiente y allí me di cuenta de la cobardía de mi querido amigo para las etapas duras; se quedaba rezagado y maldecía constantemente el haberse montado en esa bicicleta.

-Mira, Ché, yo aquí rompiéndome las bolas y mi novia con auto nuevo, hecha un mar de lágrimas-, decía.

De Naranjo a San Ramón la pendiente fue tan dura que el hombre por poco, se echa a llorar.

-Esperemos que pase un camioncito-, le dije. Y efectivamente, media hora después acertó pasar un F8 descargado que nos dio un empujón hasta la población. Fue cuando para mis adentros, decidí que, tarde o temprano, tenía que deshacerme del argentino.

En San Ramón, una población encumbrada en un pico, intentó llamar por teléfono pero no encontró servicio.

-Si no encuentra en Esparta, por seguro, en Puntarenas-, le dijo alguien refiriéndose al servicio de comunicaciones.

¿Está muy lejos?

-Es un Puerto sobre el Pacífico. Tan sólo tiene que descolgar unos veinte minutos y allí lo encontrará, en el plan-, dijo.

Según el Comandante que nos atendió a nuestra llegada en Puntarenas, arribamos a las 15 horas.

De Puntarenas se comunicó con la casona en San José de Costa Rica y estuvo hablando por más de media hora.

Salió sonriente y pontificó sobre sus dotes naturales de Don Juan Tenorio y de como la ilustre señorita Villaquirán se derretía por él.

¿Y si reaparece el canadiense?..., yo lo vi en un campamento maderero en el Cerro de la Muerte. Relativamente cerca-, exageré.

-Ché..., ¿Y vos por qué te lo tenías guardado?

-Bueno, lo acabo de recordar.

¡Qué boludo!, y como si recordara mi disgusto, rectificó:

¡El canadiense! Después retomó el tema de la conversación telefónica.

-Ella me pide que abandone esta aventura.

¿Y qué piensas?

-Ya lo pensé y es lo que voy a hacer; pero a mi manera. Evidentemente, tiene que costarme decidirlo.

A pesar que nos fuimos hasta Puntarenas de paseo, nos vimos obligados a permanecer allí más de la cuenta, pues el país estaba practicamente en estado de emergencia y se hablaba de una guerra inminente con Nicaragua.

El Teniente Nuñez, Comandante de servicio de la Guardia Civil, nos comentó:

-No es prudente que se muevan del Puerto, hasta nueva orden.

-Pero nosotros somos extranjeros-, expliqué.

-Precisamente, por eso.

Y como lo miré extrañado, me aclaró:

-Cualquier persona no costarricense, en estos momentos, es como un nica (nicaraguense) y fácilmente puede ser detenida. ¿Le parece suficiente?

Tuvimos que resignarnos a permanecer en Puntarenas cuatro días más y el día 24 de diciembre lo pasamos en la Comandancia de la plaza, más pendientes de la guerra que de la llegada del Niño Dios.

-Estuviéramos con la alta sociedad en San José, tal vez en el mejor Club de Costa Rica-, se lamentó el argentino.

Yo me limité a desempacar los finos guantes de cuero de badana, especiales para ciclista, que me habían obsequiado las niñas.

-Pero apenas logre comunicación, Ché, llamaré a Esthercita y le daré el noticion de que estaré con ella para año nuevo.

Yo, sarcásticamente y en cierta forma inhumana, le recordé:

-A no ser que se te haya adelantado el canadiense; nada mejor para el matrimonio que una mujer despechada.

¡¡Ché!!, gritó.

Estuvo como un loco, tratando de llamar por teléfono pero las comunicaciones estaban unas veces congestionados por el estado de conmoción política y otras inutilizadas. En un momento de arrebato, salió disparado en busca del Teniente quien en forma tajante le negó la salida.

-Podrán irse el 26 de diciembre-, ordenó.

¿Cuál es la diferencia? Preguntó el argentino.

¡Dos días! explosionó el Teniente y a mi amigo no le quedaron ganas de volver a hablar cuando escuchó que el oficial remataba con furia:

¡Deje la joda del teléfono o lo paso a un calabozo!

Yo llamé inmediatamente al Ché y le conté que en Panamá, en Puerto Colón, un jefe de guardia por poco me encarcela por el resto de mis días, simplemente, porque le entró en gana.

-Estos costarricences, son buena gente, mano-, le dije. Pero están nerviosos-, le expliqué.

El 26 en la mañana, el mismo Teniente nos invitó a desayunar y de paso nos comentó que las relaciones diplomáticas con los nicas parecían mejorar.

-Pase por mi oficina, yo le firmo su libro-, me insinuó.

Efectivamente lo hicimos y en presencia nuestra escribió sobre nuestra gira de buena voluntad deseándonos éxitos en la empresa. Al estampar su sello y entregarme el álbum, se levantó y se despidió de mano ofreciéndole a mi amigo unas leves disculpas.

¿Podría tratar con el teléfono?

¡Claro! Le confirmó el Teniente pero de todas maneras le fue imposible comunicarse. Por la ansiedad que tenía en el rostro, comprendí que no sabía qué hacer: si continuar o devolverse, aunque remató:

-Tengo que comunicarme antes.

-De todas maneras yo tengo que irme-, dije. Y salí de la oficina seguido del argentino.

Consulté en el mapa mi próxima parada y vi que Liberia estaba a unos 150 kms de Esparta, la población a la cual teníamos que devolvernos para desde allí abrirnos hacia la frontera con Nicaragua.

-Si de todas maneras, tenemos que volver a Esparta, de allí puedo intentar llamar-, dijo Ramón.

A Esparta, habían solo 20 kms. que recorrimos, descansadamente, en menos de una hora; pero como era una población insignificante, le fue más difícil la comunicación. Finalmente, tampoco lo logró.

¿Por qué no te arriesgas?...de irte mal, al menos tienes dinero para que me alcances por tren o auto.

-Tengo que volver pero necesito darme cuenta antes de lo que pasa. ¿No entiendes?

-Entiendo. Pero tienes que decidir: San José o Liberia.

Como el hombre no se decidía, nuevamente monté mi bicicleta y tomé la ruta a Liberia.

¡Pase lo que pase, que te vaya bien, amigo! Le grité. Y salí disparado por una buena carretera. Muchos kilómetros más adelante miré hacia atrás y ahí venía, con gran esfuerzo, como a una cuadra de distancia. "Este hombre no es para esto" pensé, pero de todas maneras seguí pedaleando. En una bajada, de repente, pasó como un bólido y largando la dirección de su bicicleta me daba demostraciones de circo con su estupenda bicicleta.

¡Te veo, Ché! Me gritaba, al punto que se alejaba.

"Ya lo veré llorando en la próxima subida", pensé.

A los 15 minutos, en una pequeña pendiente para llegar a las Cañas, un caserío, lo encontré vomitando.

¿Te dió la pálida, Ché?

Pero al hombre no le hizo gracia y se tiró en la grama. Seguidamente yo me detuve y sacando panela de mi morral scout, le di para que mascara.

¿Qué es esto, Ché?…, parece dulce de leche.

-No es de leche; es del guarapo de la caña de azúcar. Pura proteína, como para resucitar muertos.

Se estiró un rato y se quedó dormido. En lontananza, me puse a mirar el paisaje, a sentir el clima, suave, agradable, y me sentí a gusto con mi estado físico. "El hierro viene en varilla", dice la gente.

Resucitado el muerto, continuamos la ruta y pronto estábamos entrando a las Cañas, un pueblo de muy buen aspecto y donde seguramente encontraríamos posibilidades de comunicación inmediata.

-Hay un severo daño en las redes telefónicas por toda la región hasta liberia. Lo sentimos.

Así que no tuvimos más altenativa que continuar. Por suerte, Liberia estaba casi al mismo nivel del mar que las Cañas y como la carretera estaba en condiciones inmejorables llegamos después de una intensa jornada.

Al ver que llegabamos practicamente en la noche, rápidamente nos dirigimos a la Comandancia de la Guardia Civil. Felizmente, nos aceptaron como huéspedes y le permitieron a mi amigo intentar comunicarse con San José, la capital, pues las comunicaciones habían sido restauradas, una hora antes.

"Esthercita, mi amor", fue lo primero que le alcancé a escuchar, porque preferí retirarme.

De todas maneras, me sentí feliz de que hubiera obtenido la comunicación porque ello representaba un mayor afianzamiento en nuestro viaje o la ruptura definitiva. Y no me equivoqué.

¡Colombiano, colombiano! Salió disparado llamándome y apenas advirtió mi presencia, dijo:

-Te lo dije, Ché, acabo de ser nombrado administrador oficial de los bienes de las señorita Villaquirán. ¡Nos vamos a casar! Acentuó.

¿Entonces, te regresas?

¡Mañana mismo!..., ya hablé con el secretario de la Comandancia; salgo a primera hora en una ambulancia que va a recoger medicinas y enfermeras a San José. He ofrecido $10 dólares americanos y el chofer está como loco.

-Me alegro.

Al día siguiente, salió de madrugada y con el patetismo que acostumbraba me abrazó y despojándose de sus guantes me los obsequió conjuntamente con un fajo de billetes mal contados.

-Ya sabes que tienes una casa en Costa Rica, eh, Ché boludo-, dijo y se trepó a la ambulancia en pos de su aventura.

Cuando me sentí nuevamente solo, desempuñé mi mano y me sentí emocionado cuando conté $100 dólares americanos. "Con esto voy hasta la China", pensé.

En el itinerario de mi álbum, en diciembre 28 de 1954, aparece el comentario que hiciera el Secretario de Comandancia cuando habla de dos raidistas que pernoctaron en Liberia, Provincia de Guanacaste. El suscrito colombiano y Ramón Silva, de nacionalidad argentina.

De ahí, en adelante, continué otra vez solo, pero siempre con los terrones de panela en las alforjas y la esperanza al hombro.

Es extraño, pero acaba uno por acostumbrarse a la soledad por una carretera en buen estado o llena de huecos; lo mismo da. En cierta forma lo importante es llegar a la meta no importa en qué condiciones.

Como había salido casi al mediodía, tuve que enfrentarme a un sol muy fuerte; pero cayendo la tarde a escasos kilómetros de una población de nombre la Cruz me encontré un camión varado en la carretera. Me detuve al ver que el hombre con el capot abierto, trabaja en el motor como reparando algo.

-Qué pasa, amigo-, dije y en el momento que me habló me pareció que se trataba de un paisano y para salir de dudas, le pregunté: ¿Es usted colombiano?

-Pues claro, hermano, de Antioquia; y usted, ni se diga, pues hasta bandera lleva. ¿Qué vientos lo trajeron por acá, en esa bicicleta? Me preguntó.

-Voy para Canadá.

-Pues le sigo los pasos, compañero, porque voy para los Estados Unidos; claro que con mujer e hijos-, dijo y llamó a una señora y tres niños que dormían en la carrocería debajo de una carpa.

-Usted como que anda en busca de fortuna-, comenté.

¿Y quién no? respondió y explicó: En Panamá no se hace mucho y como no tenía para los tiquetes de toda esta gente, me le medí a este cacharro-, comentó señalando el Ford 38 con placas de Balboa.

La señora con sus tres hijos bajaron del camión y los dos más grandecitos me asediaron a preguntas sobre mi viaje; que si conocía a Ramón Hoyos, que como había hecho para llegar hasta acá, en esa bicicleta, en fin, todo lo que preguntan los muchachos.

Era una familia de gente modesta, sencilla, pero con deseos de abrirse paso en algún país extranjero y como habían oído de la gran bonanza americana, iban igual que miles de inmigrantes, también en su busca.

Compartieron conmigo unos enlatados que llevaban y de una tinaja de madera me dieron a beber agua potable y fresca.

-Voy a tratar de llegar hasta Nueva York-, comentó el hombre pero rectificó: Aunque mejor me quedo en California si encuentro una buena chamba; dicen que los gringos pagan muy bien la mecánica. ¿Es verdad eso?

-Eso dicen. Comenté y me puse a observar con la habilidad que reparaba el camión.

¡Préndalo, mija! le gritó a la esposa.

La mujer, una jovencita de unos 20 años, se trepó, giró la llave y se oyó rugir el motor en forma instantánea.

-Listo, hermano-, pronunció.

-Bueno, continúo mi viaje, paisano-, comenté.

¿Cómo?..., usted no ha visto la hora que es. Móntese compañero, si no fuera porque esta gente está que se prende y estamos cerca de la frontera, hasta lo dejaba aquí; pero en estas circunstancias, ni hablar.

-Sí señor, dicen que las tropas de Nicaragua vienen hacia acá-, comentó la mujer.

-Suba esa bicicleta, paisano, antes descansa un poco, al menos hasta la Cruz; allí pienso amanecer.

Considerando que ya atardecía, acepté subir a la cabina con el chofer ya que la mujer y los niños siguieron durmiendo cómodamente en la carrocería.

Aunque ambos ignorábamos cual era el motivo del pleito entre Costa Rica y Nicaragua, comentamos los problemas inherentes en un conflicto armado, no obstante que nosotros como extranjeros nada teníamos que temer. Así, se nos pasó el tiempo volando y el pequeño camión rápidamente llegó a su destino.

-Nos demoramos menos de una hora-, comenté.

-Cuarenta y cinco minutos, exactamente, paisano.

En realidad aquel encuentro fue muy feliz; sin embargo, le expliqué mi costumbre de reportarme como buen raidista en los lugares públicos en busca de hospedaje y él de antemano me ofreció, en un caso extremo, su camión.

Me presenté, en la misma fecha, ante el Secretario de las Subinspección de Hacienda Fiscal de la Cruz, frontera norte quien hizo constar mi visita y me brindó hospedaje en el Cuartel.

El 29 de diciembre, en la mañana, me encontré nuevamente con el paisano.

¿Si sabe la noticia? Y muy desanimado me informó que el tramo para continuar hasta la frontera, más o menos 15 kms, estaba en construcción. En otras palabras, no había carretera.

-Tengo que esperar a ver que pasa-, murmuró.

-O venda el camión-, le insinué.

-Puede ser-, dijo pero sin mucha convicción.

En mis circunstancias, la falta de carretera no era para mí realmente un problema, ya que varias ocasiones había tenido que cargar con mi bicicleta y caminar distancias a pie. Y fue exactamente lo que hice aunque en muchos tramos pude pedalear sin ningún contratiempo. Una hora más tarde, me encontré una quebrada y no sé por qué tuve el presentimiento de que andaba perdido.

"Esto es un camino o los trazos de una carretera", pensaba y en esas estaba cuando vi que se acercaba un arriero con dos mulas en via contraria.

¿Es este el camino a la frontera? Le pregunté.

-No. Este es un camino de herradura; siga río abajo y cuando haya bajado aproximadamente 15 minutos, a la derecha, encontrará nuevamente el camino.

Le agradecí, cuando oí que el arriero comentó en voz baja:

"Aquí lo pierden a uno los murmullos".

No sé, pero esa frase y en boca de un arriero, me metió miedo; recordé las viejas leyendas de fantasmas y cada que avanzaba por aquel bosque espeso, pegajoso, húmedo y a ratos sin salida, se me venían a la mente sus palabras casi que poéticas. Y en verdad, comencé a sentir bulla, murmullos, y debió ser mi adrenalina que se me alborotó porque comencé a percibir un olor a animal salvaje, como cuando visita uno los zoológicos.

"Será un tigre o un zorro", pensaba y, efectivamente, vi pasar un tigrillo. Confieso que sentí miedo porque no pude apreciar fácilmente su tamaño así que saqué mi cuchillo scout dispuesto a todo.

"¿Pero qué puedo hacer con un cuchillo, si realmente resulta un tigre?", me preguntaba nervioso, por lo que resolvi alejarme lo más pronto posible de aquel lugar antes de que el animal me olfateara.

Quizás fue el susto, pero la verdad sea dicha y como pude me monté en la bicicleta y no recuerdo haber pedaleado en forma tan rápida y pareja a pesar de los altibajos del camino. Como a tres kilómetros de distancia, encontré terreno abierto. Allí descargué mi bicicleta y me retiré a la orilla del río a lavarla, cuando de repente, relampagueando a lo lejos estalló un trueno.

"Va a llover", pensé. Miré sobre mi costado izquierdo y lo que inicialmente me había parecido una quebradita se abría en playas de arena formando un río seco.

En la lejanía, las montañas enmarañadas, tupidas, salvajes, iban desapareciendo entre los nubarrones.

"Esta agua se está poniendo sucia", murmuré para mis adentros cuando sentí sobre mis espaldas la fuerza del chubasco y una avalancha de lodo, ramas, agua, que trataba de arrebatarme bajo su ímpetu la bicicleta; en segundos, me sentí arrastrado por la creciente y no de no haberme agarrado a una de las llantas de mi máquina, seguramente hubiera perecido en la inmensidad del río. Por suerte, al ser arrastrados por la repentina avalancha, el marco de la bicicleta se enredó en una encina centenaria y allí aguanté sin moverme hasta que pasó la tormenta. Mucho rato después, el río comenzó a recobrar su curso normal y a nado pude ganar nuevamente la orilla.

Sin darme cuenta, había perdido demasiado tiempo y ya la tarde comenzaba a caer.

"Tengo que llegar a la frontera", me repetía a mí mismo y entre el lodazal dejado a lado y lado por la creciente, me abrí paso rumbo a Peñas Blancas.

Llegué a eso de las cinco, con las ropas húmedas, muerto del hambre y maltrecho. Dos uniformados que me observaban me gritaron alto y me preguntaron:

¿Quien va?

-Vengo del sur-, contesté y antes de cualquier reacción inesperada, les dije:

-Hago una gira de buena voluntad por las Américas en esta bicicleta.

¡Acérquese!..., ¿usted es tico? (costarricense) preguntó uno de ellos.

-No, colombiano-. Me acerqué y les enseñé mis papeles.

-Está bien-, dijo el guardia.

¿Estoy en Peñas Blancas? Pregunté confuso.

-No. Está en la frontera, pero en el lado de Costa Rica. En Peñas Blancas, Nicaragua, debe presentar su pasaporte si es que trae visa.

-Por supuesto. ¿A qué distancia está?

-A un kilómetro.

¿Debo presentar algo, aquí?

-Claro, su pasaporte, dijo y anexó: Pase allá, donde el oficial de Migración.

Aun lado de un tubo de hierro que servia de barrera había una pequeña caseta que servia de oficina y dormitorio al personal, allí, asignado. Sentado en un escritorio de madera, encontré al oficial.

¿Va para Nicaragua? Preguntó.

-No, solamente en tránsito. Soy scout y me dirijo a un encuentro internacional en Canadá.

¿Se mojó? Me preguntó al inspeccionarme de arriba abajo.

-Bueno, por poco me ahogo.

-Ese río es traicionero; ataca como los nicas, de un momento a otro.

Hizo una pausa y en el momento que iba a estampar su sello en mi pasaporte, se oyó un grito afuera.

¡Nicas!…, ¡ahí vuelven!

Todos se tiraron al suelo y, en segundos, se oyeron descargas de ametralladora desde un avióncito de guerra.

Se sintó perderse y todo el mundo recuperó la calma.

-No se asuste, desde ayer están dándole bala al piso. Cuestión de entrenamiento y de amedrentarnos-, comentó.

-Pero la cosa se está poniendo color de hormiga-, dije.

El oficial no contestó, y de un golpe seco estampó su sello: República de Costa Rica, la Cruz, salida, fecha; 29/12/54.

-Puede irse-, ordenó. A no ser que prefiera dormir en el piso y comer banano-, amplió.

-Prefiero seguir- dije, después de agradecerle.

En efecto, después de caminar por espacio de un kilómetro mas bien nervioso por el incidente del ataque aéreo, atisbé al frente unos soldados que montaban guardia.

Fui recibido por otro oficial de Migración que hacía parte de la Guardia Nacional de Nicaragua, frontera sur, aclarando que entraba proveniente de Costa Rica.

Minutos más tarde, recibí la orden de presentarme ante un Teniente de Infantería de nombre Raúl Picado, Comandante del Distrito Militar de Peñas Blancas. Me estuvo haciendo preguntas sobre Costa Rica pero al final desvió la conversación al yo ratificarme siempre en mi espíritu de raidista profesional y deportista en tránsito. Muy comedidamente firmó mi libro en la fecha ponderando mi empeño y deseándome muchos éxitos en mi gira. Fue la primera persona, que al desearme un feliz año nuevo, me hizo caer en la cuenta que estaba solo a un día de terminarse el año de 1954. Antes de despedirme del resto de oficiales del Cuartel Militar, constaté sobre el mapa la próxima población.

¿A qué distancia se encuentra Rivas? Pregunté.

-45 kms. Por muy buena carretera-, dijo alguien. -Pero siempre es bueno que no le coja la noche-, añadió.

Efectivamente, volvi a pedalaer sobre una buena carretera, recién pavimentada y absolutamente plana y cuando me di cuenta que se aproximaba la noche, tuve la intuición de revisar mi lámpara reflector. Conecté el dínamo a la llanta pero la lámpara no prendió. Miré alrededor y no se veía en leguas a la redonda señales de alguna vivienda o finca.

"Tengo que repararla", pensé y puse manos a la obra.

El agua del río, simplemente había humedecido los contactos que al secarlos y lijarlos con papel de acero reactivaron su función. Apliqué con una minipistola de mano, grasa penetrante a los rodillos, ejes, cadena, trinquetera y rápidamente me trepé en la cicla a pedalaer en busca del rayo de luz que me iba marcando la lámpara en la oscuridad de una noche repleta de zancudos y cocuyos.

A las nueve y media de la noche, llegué a Rivas. Rápidamente pregunté por la ubicación del Cuartel de Policía y me presenté a solicitar hospedaje ante el oficial de turno quien me informó que no tenía autorización para albergar a nadie. No insistí y como la noche estaba fresca y la población se veía tranquila, decidí tomar un descanso en una de las bancas del parque.

Al poco rato un señor que pasaba al frente mío se detuvo al rompérsele una bolsa con viveres. Naturalmente, yo corrí a ayudarle a recoger unos bizcochos que salieron rodando.

¡No le digo, estas sí son las que arden!-, exclamó con mucha decencia. Y al percatarse de mi ayuda, acentuó:

¡Gracias!

Trató de seguir pero reflexionando un poco se devolvió y remarcó extrañado:

-Oiga, qué hace usted a estas horas y con esa bicicleta.

¿A propósito, sabe de un hotel, cerca?

¡Claro que sí! E inspeccionándome, me preguntó:

¿Es usted, uno de esos correcaminos en bicicleta?

-Sí.

¿Y realmente, desea pagar un hotel?

-No tengo alternativa-, aclaré.

Se sentó a mi lado y en pocas palabras le narré mi aventura y cuando le insistí que me orientara sobre la ubicación del hotel, me propuso pasar la noche, un poco incómodo, pero en su casa.

-Y tiene que decidirse rápido porque mi familia le gusta merendar con chocolate y bizcochuelos antes de acostarse. Es una costumbre de los viernes y como mañana es 31 de diciembre, con mayor razón.

-Le acepto con una condición: lléveme a esa panadería a comprar más de esos bizcochuelos. ¿Le parece?

-Pero en realidad no quedaron tan sucios. Además ojos que no ven, corazón que no siente-, afirmó.

-No, no se trata de eso. Simplemente, ya tengo suficiente con que me brinde hospedaje.

-Está bien-, aceptó.

No sé por qué, pero de repente, me entraron unas ganas de comprar de todo y los bizcochos se me convirtieron en mantequilla, queso, pan, y algunos bocadillos que jamás había visto antes.

-Pero tengo un problema-, le dije al panadero; tengo que pagale con un billete de $2 dólares.

-No se preocupe; yo le devuelvo en colones y le advierto que le va a rendir porque el cambio está a siete por uno-, explicó.

Esta vez, el señor tuvo cuidado de pedir doble bolsa y cargados de viveres salimos en busca de su casa. Era una pequeña choza en las afueras del pueblo, con solamente dos camas. En la parte de afuera, la cocina, conformada por un fogón de leña y ollas de barro, estaba aislada de las paredes de bahareque por latas de zinc, ahumadas por el fuego constante de los pebeteros.

Salieron a saludarme dos ancianos y cinco niños, todos ellos, alegres, preguntones, regordetes, que comenzaron a pelear por subirse primero en mi bicicleta.

-Perdone nuestra pobreza-, me dijo con tanta sinceridad que le creí. -Pase, le presento a mi señora-, continuó y abrió una manta de algodón negra que servia de división entre las dos camas.

Una mujer, de buen semblante y abundantes senos, pero aún joven se excusó al verme de improviso.

-Ay, qué pena traer al señor y yo sin poderle atender-, dijo.

-No se preocupe, yo solamente vine a saludarlos y ya me vuelvo-. Mentí, sorprendido de tanta generosidad en medio de tan evidente miseria.

-No se preocupe. No tengo camas, pero acá atrás tengo unas cuantas esterillas y para los noches de calor, esta hamaca guatemalteca. Precisamente, lo invité pensando en ella-, aclaró el hombre.

En ese momento me tranquilicé y, de paso, oí los primeros batidos del chocolate en la olleta.

Los niños comieron de todo hasta quedar repletos y yo a pesar de tener un buen apetito, apenas tomé chocolate para que les quedara buen pan para el desayuno.

Sobre un piso de cemento rústico pero limpio, el hombre tendió cinco esterillas y acostó los niños al lado de sus abuelos que compartían la única cama del cuarto.

-Su hamaca está lista, señor. Aunque no hay zancudos, de todas maneras le puse un mosquitero-, me dijo.

Observé el toldillo alrededor de la hamaca; el ingenio, el recurso del hombre y comprendí que de la pobreza, nace la industria.

-Le aseguro que voy a dormir como nunca-, le dije.

Me equivocaba porque en la madrugada sentí ruidos de alguien que daba vueltas y brincos por la casa.

¡Esta mujer está dando a luz! Explosionó.

Yo no lo podía creer. En el suelo, dormían cinco niños pequeñitos y aquel hombre me estaba hablando de un sexto. Salté de la hamaca y de inmediato me di cuenta del porqué de aquellos senos rebozantes de mujer parida. Dando leves quejidos y contorsiones, la mujer inevitablemente se veía sumida en trance.

-Pero todavia faltan dos semanas-, decía el marido.

-Pero se vino, mijo, se vino; tal vez fue todo ese queso que me comí..., hacía tanto tiempo que no probaba, que me dió el antojo..., ay, cómo duele-, decía entre gemidos la mujer.

¿Y ahora, qué? Le pregunté al hombre.

-Ese el problema. A misiá Susana la hospitalizaron por problemas en la columna y es la única partera.

¿Y un médico?

-Aquí no hay.

¿Y el hospital, pues?

-Eso es en Managua.

-Pongan a calentar agua-, interrumpió la anciana.

-Seguramente ella sabe-, comenté.

-Sí, yo los he traído al mundo. El problema es que estoy ciega-, dijo la madre lamentándose pero de inmediato, nos alentó: No importa. Yo los dirijo.

Sentí un miedo espantoso y me pareció ver, años atrás, a mi madre revolcarse en su desesperación y morir de parto. Pero también recordé que también era un scout, listo a enfrentar cualquier desafío y que en cierta forma estaba preparado para lo imprevisible.

¿Tienen alcohol?

-Basta agua y jabón-, rectificó la anciana. -Lo importante es lavarse muy bien las manos.

Hicimos lo que ordenó.

-Mire a ver si reventó fuente.

¿Mirar adónde? Pregunté.

¡Allá! Gritó la anciana mientras que el marido no sabía qué hacer.

¡Para eso que este viejo es otro inútil! Regañó refiriéndose al anciano.

¡Mamá! Le llamó la atención el hijo.

-Tuve 15 hijos y nunca aprendió-, se justificó.

¡Ay! se lamentó la parturienta.

-Ya reventó. Ahora escuche: Espere que asome la cabecita…, ¡puje mija, puje! Por suerte ella tiene experiencia y sabe pujar. Usted, señor, coja la criaturita por la cabeza y sin apretarla manténgala firme, que mi Dios se encarga del resto.

Tamaño susto el que tuve cuando sentí entre mis manos la criatura pataleando ensangrentada; pero siguiendo paso a paso los consejos de la anciana, en pocos segundos se sintió su llanto en la fría madrugada.

-Es un niño-, dijo sin mucho entusiasmo, el padre.

-Ya les dije que se van a llenar, buscando la tal muchachita. Bueno, lo importante es que se oye muy sano..., ¿está completico? Preguntó la anciana.

-Es muy hermoso, aunque un poco pequeño-, comenté.

-Claro, si es el raspapiedras-, dijo el viejito.

-Usté siempre pensando en los marranos-. Le reprochó la viejita según la costumbre campesina de llamar así al último puerquito en una camada de cerdos.

Restablecida la mujer, comenzó la lucha para amamantar a la criatura de su ubre hinchada de leche.

-Voy a batirle una caspiroleta a la niña-, dijo la anciana refiriéndose a la madre y como si reconociera el camino de memoria, se dirigió a la cocina.

Por mi parte, me fui a continuar mi sueño. En el momento que me disponía a meterme en la hamaca, se me acercó el hombre y con una sinceridad a toda prueba, me dijo:

-Dios le pague.

Me sentí feliz. Cerré los ojos y dormí esta vez como un lirón.

Al día siguiente, sentí que me despertaban las voces de alegría de los niños que hablaban del milagro.

-Lo trajo la cigüeña-, decían ellos y me señalaban el techo por dónde había entrado con el bebé.

Por supuesto que yo corrí a celebrar el acontecimiento y al verlo me mostré sorprendido como si en verdad lo viera por primera vez.

-Pero si es un hermanito-, dije y por decir algo, añadí: ¿Y cómo lo van a llamar?

-Mi mamá dice que como usted-, acertó uno de los niños. Miré a la señora y al verla tan satisfecha con su bebé, en cierta forma le agradecí cuando dije: Me llamo Israel

-Israelito. Confirmó la madre mirando a su pequeño y añadió: ¡Qué bonito nombre!

"Y qué bella es la gente humilde", pensé yo.

Era un 31 de diciembre de 1954.

Han pasado los años, y cada que recuerdo esa hermosa aventura, hoy a mis 80 años de edad, siento la satisfacción del deber cumplido. Entre otras cosas, a estas alturas, Israelito, si es que vive, debe tener exactamente 48 años de edad.

Después de un merecido desayuno con fríjoles revueltos con arroz y calentados en olla de barro, me dispuse a continuar mi marcha. Los muchachos, que habían madrugado a lavar mi bicicleta peleaban entre sí por secarla y se disputaban el honor de entregármela limpia y brillante.

¿Esta casita es suya? Le pregunté a mi amigo.

-Y suya-, me contestó con la sinceridad que la gente pobre acostumbra.

Saqué mi billetera y conté unos billetes.

-Tome, aquí tiene. Con eso tiene hasta para tres cuartos más. ¿Me promete que va a hacerlo?

El hombre se quedó pasmado de la emoción y contestó afirmativamente con la cabeza. Y yo para asegurarme de que empleara bien el dinero, le amenacé:

-A mi regreso, espero dormir en uno de esos cuartos. ¿De acuerdo?

-Yo me encargaré de eso-, interrumpió la mujer que había escuchado todo desde su cama. ¡Preste, mijo, yo guardo la platica! Ordenó.

Y no cabía duda de que lo haría.

Esto me recordó a un viejo amigo mío, que la mujer le había puesto el apodo del "Químico" porque cogía la plata y la volvia mierda.

El recorrido entre Rivas y Nandaime, la población siguiente, fue más que placentero. Excelente carretera, toda plana y allí me detuve a tomar tan solo una limonada para contrarrestar la pesadez de los fríjoles. Sin embargo, de allí en adelante comenzó nuevamente el calvario y aunque la pendiente no fue tan dura como la del Cerro de la Muerte, en Costa Rica, debido a las aguas lluvias estaba en regular estado. Venciendo los obstáculos logré llegar a Jinotepe, una población pequeñísima donde me detuve a descansar. Según un campesino, me faltaba coronar la cima y desde ahí descolgar hasta Managua, la capital nicaraguense.

En la tarde del 31 de diciembre de 1954, arribé sin ningún contratiempo a Managua, una hermosa ciudad plena de historia, modernismo y de un sabroso calor tropical. Lo primero que hice fue visitar las oficinas del periódico más importante de la nación pero como la emisión del día 31 había sido extraordinaria con un resumen de todas las noticias del año, estaba prácticamente cerrado a la espera del año nuevo.

Convencido de que era una mala fecha para visitas oficiales o solicitar hospedaje, me instalé en el primer hotel que encontré. Como era de esperar, todo mundo estaba en parranda y debido a que mi cuarto estaba ubicado en la parte superior de una cantina, decidí acostarme tarde después de una merecida ducha de agua fría y una suculenta comida. La música sonó toda la noche y en cierta forma me sentí muy solo cuando escuché la algarabía de la gente que en medio de las detonaciones de pólvora y el ambiente de fiesta, deseaban el feliz año nuevo. En la madrugada, me quedé dormido.

Desperté a la una de la tarde del primero de enero y salí decidido a divertirme y comenzar el día con un buen almuerzo.

Estuve de suerte. No sólo por haber encontrado abierto un buen restaurante sino también por encontrarme de paso con el espectáculo del año: el debut en persona de Pedro Infante y Mario Moreno, Cantinflas, en el Teatro Municipal. Aquella noche fue para mí inolvidable y aún recuerdo como se desmayaban las mujeres al oir cantar y ver de cerca a su galán favorito.

Al día siguiente, en provecho de mi estadía en Managua visité sitios de interés turístico e histórico y al presentarme ante el Gobierno de Administración y Anexos tuve el gusto de ser recibido y saludar en persona al general Anastasio Somosa quien en palabras textuales comentó:

Embajadores de buena voluntad, son los ciudadanos que como Israel van anudando lazos en el hemisferio. Éxitos.

Enero 4 de 1955.

Firme en mi propósito de hacer de mi viaje algo útil para la juventud y la niñez, me presenté ante una escuela que me llamó la atención por su nombre: Escuela Guatemala. Aunque el personal de la escuela obviamente se encontraba en vacaciones, tuve oportunidad de conocer a su directora, una dama con aspecto de europea y de nombre Rosibel Browve Weffer. Su secretaria, una señorita muy amable y con una letra palmer de impecable trazo, escribió:

"Don Israel Valderrama: que su viaje por esta tierra de lagos y volcanes sea portador de felicidad en este nuevo año y de alegrías en su gira".

Managua 5 de enero de 1955.

Tengo que destacar la gentileza y amabilidad de los nicas (nicaraguenses) sobre todo en el trato y acercamiento con el extranjero. Quizá fue en Managua donde tuve más oportunidad de conocer gentes, lugares y en cierta forma disfrutar de su placentera ciudad; donde quiera que me acerqué fui muy bien recibido y sin lugar a dudas fue la ciudad donde recibí el mayor número de apreciaciones y testimonios sobre mi viaje, según consta en mi álbum de registros.

Durante el tiempo de mi estadía en la capital nicaraguense, visité el Consulado de Honduras en busca del correspondiente permiso para entrar a dicho país, en mi travesía por las Américas. El día 7 de enero, del nuevo año en curso, recibí del Cónsul General la correspondiente autorización.

Había estado un poco más de una semana en Managua por lo que preparé mi morral para continuar mi viaje esa misma mañana.

Salí a las nueve de la mañana, con un día muy despejado y brillante. Según el mapa, me esperaba una gran jornada de muchos kilómetros, no obstante que los primeros 25 me favorecieron muchísimo por la frescura del recorrido ya que en su mayor parte lo hice bordeando el hermoso lago de Managua hasta llegar a Tipitapa. Allí descansé mientras tomaba un café con leche y pan con ajo para posteriormente iniciar mi etapa hacia Darío, población, al parecer, llamada así en memoria del gran poeta nicaraguense, Ruben Darío.

Alrededor de las once de la mañana reinicié la jornada, como siempre, por una buena carretera pero pendiente en su totalidad.

Algunos kilómetros más adelante, me encontré con un camión cargado de harina de trigo que había dado vuelta de campana y el chofer atrapado en la cabina luchaba por salir. Tuve tiempo de llegar y ayudar a sacarlo totalmente apanado en polvo blanco pero relativamente ileso.

Fuera de ese incidente, el viaje fue más bien placentero y llegué en las horas de la tarde directamente a hospedarme en el primer hotel que encontré. Finalmente me di cuenta que se trataba de una pensión de nombre Las Brisas y tuve la suerte de recibir hospitalidad gratuita por disposición de su propietario en reconocimiento a mi esfuerzo deportivo y a mi gira por las Américas.

En la mañana, más interesado en saber sobre Ruben Darío que conocer la población, estuve visitando una librería y allí me encontré una antología de sus versos que empezando por Azul, son de una delicadeza que fascinan.

-Con mucho gusto se la obsequio-, me dijo una señorita refiriéndose a la publicación que yo ojeaba.

Siempre me encantó el canto de su poesía pero sobre todo su fina sensibilidad.

Han pasado muchos años y aún conservo aquel obsequio que no pasó de un cuadernillo rústicamente editado. Es duro recordar, cuando se enfrenta uno ya en la edad madura, a esos versos que el Divino Indio (así lo apodaban en Darío), escribió en "Canción de otoño en primavera".

Juventud, divino tesoro,
ya te vas para no volver!
Cuando quiero llorar, no lloro...
Y a veces lloro sin querer.

ETAPA NUEVE

De paso por Honduras.
De algo me sirvió la firma del General Anastasio Somosa

El 8 de enero hice el recorrido de Darío a Estelí, pasando por Sébaco y San Isidro hasta llegar a Somoto donde recibí hospedaje en la Guardia Nacional de Nicaragua.

"En esta fecha, pasó de tránsito procedente de Costa Rica y con destino a Honduras, el ciclista colombiano Israel Alfonso Valderrama", anotó en Somoto, Nicaragua, el Mayor de la Guardia Nacional que tan gentilmente me ofreció hospitalidad.

Somoto era el último pueblo perteneciente a Nicaragua y de allí a la frontera con Honduras me tocó recorrer tan solo media hora.

A lo largo del recorrido, me encontré de repente con una hermosa cascada de aguas naturales que caían de un peñasco; sentí unos deseos incontenidos de bañarme por lo que bajé de mi bicicleta y despojándome de mis ropas expuse mi cuerpo a la frescura del agua. El golpe del chorro era tan fuerte que me tocó luchar contra la corriente varias veces para poder disfrutar plenamente del agua, abundante, fría, turbia.

Instintivamente, movido por la fatiga y el calor, bebí repetidas veces de aquel torrente hasta saciarme; pero al salir del chorro y disponerme a secarme con una toalla que llevaba entre mis enseres de carretera, observé que por la misma peña al fondo, se veían bajar hilitos de agua negras, podridas. Inmediatamente, tuve la corazonada de que seguramente había bebido de una quebrada posiblemente contaminada.

Ya en la frontera, un oficial al verme ordenó que se me detuviera. Sus subalternos, inmediatamente cumplieron sus órdenes y de manera muy descortés me llevaron a empujones ante él. El oficial al verme me preguntó por mi origen, de dónde venía y para donde iba hasta que acabé por contarle toda la historia de mi recorrido temeroso de que me encarcelara. Al comentarle mi intención de visitar su país, me pidió los documentos de identificación y no tuve más alternativa que mostrarle de paso mi álbum de registros con la firma del General Somosa, calificándome de embajador de buena voluntad, en enero 4 de 1955. Esto debió amedrantarlo porque de inmediato cambió de actitud y se limitó solamente a preguntarme:

¿Cuánto tiempo piensa quedarse aquí?

-Lo suficiente para llegar a El Salvador-, le contesté.

Finalmente, el oficial me dejó ingresar al país y arranqué rápidamente en mi bicicleta al punto que pensaba para mis adentros: "Si así son todas las gentes de Honduras, estoy perdido, madre mía".

Seguí mi viaje y a las tres horas pasé velozmente por San Marcos de Colón y no obstante que varios tramos de la carretera estaban en construcción, al fin logré alcanzar la cima de donde se divisaba el hermoso Valle de Choluteca. Comencé a descolgar, pero confiado en mi pericia me dejé llevar por la fuerza de la gravedad cuando de repente me encontré ante una forzada curva, perdí el control y me volqué rodando aproximadamente diez metros. Sobre una cuneta de la carretera permanecí inconsciente por unos instantes y cuando volvi en sí, vi que no me había pasado nada grave a excepción de mi bicicleta, que con el impacto se le había torcido completamente la dirección. La enderecé y nuevamente me puse en marcha. Minutos más tarde, sentí mucho dolor en una pierna, tan fuerte que me impedía pedalear.

"Tengo que descansar", pensé y advertí que por suerte muy cerca había una casita. Me detuve y allí mismo tuve oportunidad de tratar a un nuevo tipo de gente, amable, hospitalaria ya que una señora salió a recibirme y a ofrecerme de entrada una taza de café.

-Está herido en su pierna-, advirtió. En efecto, yo sentía un ardor muy severo alrededor de mi rodilla derecha y a lo largo de la canilla.

-Déjeme yo le pongo unos pañitos de agua caliente- me dijo, invitándome a sentarme. Luego de hacerme unas curaciones yo le pregunté si era enfermera o algo por el estilo y ella con lógica de madre, contestó:

-Simplemente tengo hijos.

Una hora más tarde, después de agradecerle a la mujer por sus bondades, reinicié la marcha.

Más adelante encontré un convoy militar con algún personal y me gritaron vivas, desafiándome a que les siguiera hasta que se perdieron en la carretera.

Como a las cuatro de la tarde, al iniciar el plan, me encontré con Choluteca, una población muy bonita de angostas calzadas y de un colorido tipo colonial. Fiel a mi costumbre, pregunté por el Cuartel de Policía y un joven me guió hasta la propia puerta donde me salió un agente de policía y me preguntó:

¿Por qué anda con ese cuchillo en la cintura?

-Soy scout y voy de viaje-, le contesté. ¿Podría hablar con el comandante? Amplié.

Seguidamente, un Teniente apareció en la puerta y me invitó a seguir.

-Soy el Comandante-, dijo.

Antes de que yo lo solicitara me ofreció hospedaje, eso sí, excusándose de no contar sino con una hamaca, en el corredor y al aire libre. Aquella noche sentí que se me revolcaba mi estómago pero presumí que se trataba de alguna indigestión pasajera y tan solo me limité a ir al baño.

Al día siguiente, después del desayuno, me invadió un dolor agudo y entonces me dirigí a una farmacia en busca de una sal de frutas. "Tengo que aligerar la digestión", pensé y de paso descansé largo rato.

Aparentemente recuperado, reinicié la marcha a pesar del consejo de algunas personas que opinaban que debía descansar; sin embargo, insistí pero más adelante me cogió un dolor de estómago que me obligó a abandonar la bicicleta y meterme entre la maleza a falta de un sanitario. Entonces, deduje que al bañarme en aquella cascada entre Somoto y la frontera de Honduras, había bebido agua contaminada.

Totalmente descompuesto por el dolor, y el desánimo que conlleva una diarrea total, decidí detener la marcha a la espera de alguien que me auxiliara.

Más tarde, pasó un bus escalera rumbo a Tegucigalpa. Por fortuna el motorista aceptó que subiera con mi bicicleta y dos horas más tarde llegamos a la capital hondureña; él mismo me condujo a una pensión barata al enterarse de mi estado y no quiso cobrarme cuando me entregó la bicicleta.

-Esto no es lo mejor pero al menos está cerca del hospital, si lo necesita-, me dijo y siguió su marcha.

Pasé una noche de perros; a pocos minutos de una deshidratación inminente, irremediable, sobre un sanitario que de lo amarillo no se sabía si era de adobe o porcelana.

En la mañana, el hotelero me encontró tirado en el baño y en una ambulancia me trasladaron al hospital donde me recibieron en un salón con muchas camas para personas indigentes. Cuando desperté, un doctor me informó:

-Tiene desintería. Pero no se preocupe que mientras no le falte el suero, no hay peligro.

En medio de mi desaliento, vi que me tenían inyectada en el brazo izquierdo una aguja que se conectaba a una manguera plástica.

-Como no tenemos más camas, al menos por esta noche debe compartirla con el señor-, dijo el doctor haciéndome notar que a mi lado, en la misma cama, había alguien.

Era tan grave mi estado que no me había dado por enterado y al final de cuentas, no me importó.

Aquella noche experimenté dos cosas que siempre reconocería por el resto de mi vida: El ronquido de un moribundo y el frío al contacto con la muerte.

A pesar de mi estado, entrando la madrugada comencé a percibir en su pecho una respiración profunda y desigual como si algo se desquebrajara dentro de él y así, a lo largo de una cadena inenterrumpida de bronquios rotos, se fue quedando como dormido. A su lado, vencido por el sueño y la debilidad me quedé profundo.

Al otro día, un frío helado en las sábanas me despertó súbitamente. El hombre a mi lado estaba yerto y de un color amarilloso como el de los cadáveres. Halé de un cordón que había para emergencias y de inmediato el sonido de un timbre atrajo una enfermera hacia mi cama. Se acercó, le tomó el pulso y con un profesionalismo inmisericorde, llamó a un camillero al punto que le dijo:

¡Échelo pal' pabellón de los muertos!

Pasé una semana en el Hospital San Felipe de Tegucigalpa. Afortunadamente, el médico de cabecera, el Doctor Napoleón Bográn, como era padre de dos niños scouts, al darse cuenta de mi rango, me favoreció trasladándome a otro cuarto hasta que llegó la hora en que él mismo autorizó mi salida. Aquella vez, él y sus dos hijos me invitaron a pasar el día en su casa.

Totalmente recuperado, el 27 de enero de 1955 pasé por la Aduana de El Anatillo, donde el Jefe de Inmigración comentó:

-Ayer pasó por acá otro ciclista, un tal Ramón de nacionalidad Argentina. ¿Lo conoce?

-Sí. Y aclarándole añadí: Fue mi compañero de viaje pero se quedó en Costa Rica. Y sin más comentarios me limité a pensar en lo mío.

ETAPA DIEZ

Entre El Salvador y Guatemala.
Desde el país de la pupusas hasta el país que
tenía la frescura del primer día del Génesis

El Salvador, aparecía como el país más pequeño de Centroamérica pero uno de los más prósperos, con una población de un alto nivel de vida debido a la laboriosidad de sus habitantes, sus numerosas vias de comunicación, su abundante agricultura y sus florecientes industrias. Por aquella época, su población no pasaba de 1.900.000 habitantes.

Entre San Miguel y Cojutepeque, sobre el cañon del caudaloso río Lempa tuve oportunidad de atravesar el bello puente de suspensión Cuscatlán, el más largo de la América Central, construído con un alto presupuesto y abierto al tráfico en junio de 1942.

En San Salvador, su capital, situada en el Valle de las Hamacas, denominado así por los frecuentes temblores, fui muy bien acogido e hice amigos ocasionales. En una de esas tardes salvadoreñas, fui invitado por unos jóvenes de ambos sexos a visitar "El Mirador" donde se veía el panorama de la ciudad en toda su plenitud. De allí se divisaba el Estadio Nacional, situado en la zona residencial y construído en 1935 para los Juegos Olímpicos; la fachada colonial del Hospital Rosales con cupo para 1.300 pacientes; y en su conjunto arquitectónico, antiguos y modernos edificios ornamentaban las anchas y bien pavimentadas calles de la ciudad.

La salvadoreñas, muchas de ellas muy blancas, de pelos abundantes y más bien gorditas, me llamaron poderosamente la atención por sus maneras cariñosas, dulces. Una de ellas, muy jovencita y de nombre Amalia, me pidió una vez que yo había sacado la bicicleta:

-Lléveme en la barra.

¿A dónde? Le pregunté.

-A la esquina, a comer pupusas-, me respondió sonriendo y completó: Una tía mía las hace.

En los escasos cien metros de trayecto, me sentí reconfortado con su inconfundible olor a mujer fresca, rozagante, y le pregunté:

¿Cuántos años tienes?

-Quince-, me respondió sonriente y en ese momento se bajó de mi bicicleta a correr en busca de las pupusas.

"Es muy linda", pensé y se me vinieron a la mente algunas imágenes cargadas de recuerdos de la costarricense infiel.

Las pupusas me parecieron deliciosas y recuerdo que me fueron servidas con un pocillo grande de café, al estilo del pueblo salvadoreño.

Disfruté mucho de mi estadía en San Salvador por más de una semana durante la cual visité escuelas, museos, amigos recientes y obviamente el Consulado de Guatemala, el país siguiente.

En el Salvador, la instrucción pública estaba sumamente

adelantada y en esa época contaba el país con un gran número de escuelas primarias y colegios de enseñanza secundaria. Para estudios profesionales y superiores existía la Universidad Autónoma de San Salvador.

En febrero 9 de 1955, llegué a Santa Ana, una población muy importante y a pocos kilómetros de la frontera con Guatemala.

A través de mi paso por El Salvador, pude darme cuenta que igual que Colombia, la agricultura, era la principal fuente de riqueza del país. Era el tercer productor de café a nivel mundial, mientras que a nivel de cultivo de caña y producción azucarera, venía en segundo lugar, pues a la fecha, contaba con 27 ingenios azucareros distribuidos por todo el país.

En Santa Ana, consulté con mi bolsillo y registré con alarma que disponía de pocos dólares americanos y unos cuantos colones.

-Se me fué la mano con las salvadoreñas-, pensé.

En aquella población, solamente pernocté y muy de mañana visité el Diario de Occidente, donde se me favoreció con una amplia publicidad hablando de mi viaje y de mi propósito de llegar hasta el Canadá.

"El personal de planta del Diario de Occidente, admira y alienta el espíritu deportivo de tan joven y valiente hijo de Colombia", escribieron en mi álbum.

Después de visitar la Secretaría Municipal y la Gobernación Departamental de esta última población de San Salvador, quedé fuertemente impresionado de la cordialidad de sus gentes, sus voces de aliento, apoyo y solaridad ciudadana.

En la noche del 9 de febrero, se celebró una retreta donde tuve oportunidad de encontrarme con jóvenes de mi edad y de compenetrarme un poco más con estas gentes del occidente del país. Cerca de la medianoche, me despedí y me marché a dormir con el propósito de levantarme temprano para mi próxima etapa: Guatemala.

Aquella vez me levanté a las cinco de la madrugada porque deseaba llegar pronto a la frontera. A las ocho, en punto, de la mañana, llegué a los límites y después de haber pasado por la oficina de Migración, pasé de largo.

Ya sobre la carretera, por cierto no muy buena, comencé a descontar tiempo con destino a la siguiente población de nombre Cuilapa. El trayecto comenzó con un leve descenso, el cual hice en el término de dos horas para después comenzar a subir una carretera más o menos empinada pero no tan severa.

A medida que me iba adentrando en territorio Guatemalteco comencé a interesarme mucho en este país, sobre todo, el elemento humano: El indígena guatemalteco, de peculiarísima vestimenta, de costumbrismo original, regado por los rincones del panorama guatemalteco; interesante en su liturgia, denso en su misterio, heredero silencioso de las antiguas glorias mayas.

En la primera meseta que me encontré, tuve la grata experiencia de encontrarme con una pequeña aldea donde me detuve a tomar agua. Una matrona indígena salió a recibirme y me ofreció agua de un aljibe, tan fresca, que parecía salir de las entrañas de la tierra. Me invitó a sentarme y descansar cuando un poco después salieron otras mujeres con bateas de madera para amasar el maíz para hacer tortillas. Despertó en mí admiración, noble simpatía, el verlas cuando se pusieron a rezar la oración del maíz en su lengua, claro está, con algo de fervor panteísta; pero en medio de la alabanza a los dioses, clamaban también a los santos por la buena cosecha, la salud de los hijos y una pronta lluvia.

Sin pedirles nada, me dieron fríjoles negros con tortillas calientes y agua de panela. Nunca imaginé que sería en Guatemala, donde encontraría la fuente de mi vitamina secreta. Producían una panela de una calidad tan excelente y blanda que confieso no haberla degustado jamás, máxime que la envolvian en el capacho de la mazorca del maíz conservando así su exquisito sabor y aroma.

A partir de allí, comenzó a mejorar la carretera y ante mis ojos se fue abriendo el paisaje de uno de los paises más bellos del mundo. ¡Qué paraje tan maravilloso! Con razón deslumbró los ojos ávidos de riquezas de Hernán Cortés y provocó los elogios del sabio alemán, Alejandro de Humbolt.

Recuerdo haber leído alguna vez que "el paisaje de Guatemala tenía la frescura del primer día del Génesis", y no era para menos.

Llegué cayendo la tarde a Cuilapa. Inicialmente me pareció más bien solitaria y como ya comenzaba a anochecer me dirigí al parque donde no encontré practicamente a nadie, a excepción de un pordiosero o quizás un demente. El clima era tan primaveral, que preferí dormir en la hamaca que llevaba para casos urgentes y donde la temperatura y la paz del lugar me lo permitieran.

Al siguiente día, me despertaron los lamidos de un perro sobre una raspadura que yo tenía en mi rodilla derecha; el reloj de la iglesia marcaba las seis de la mañana y rápidamente recogí mis cosas y salí en busca de algún lugar donde desayunar y, a pesar de la hora, encontré a una mujer haciendo tortillas en una tolda al aire libre.

-Tengo también tacos con chili-, me dijo y en vista de que yo acepté, me sirvió dos con una enorme taza de chocolate bien cargado a la costumbre maya. A la hora de pagar mi desayuno me di cuenta que no tenía quetzales pero la mujer aceptó mis disculpas y como no sabía nada de ratas de cambio, me pidió que le cancelara más tarde.

Posteriormente me dirigí a la alcaldía para hacer firmar mi álbum de impresiones y registros.

¿Cómo le parece el pueblo? Fué lo primero que me preguntó el alcalde.

-A pesar de que no he visto mucho, es muy bonito-, contesté con toda franqueza.

Después se dedicó a mirar mi libro de registros y obviamente impresionado, exclamó:

¡Pero usted es todo un trotamundos!.., sabe qué, lo invito a conocer el pueblo y con mucho gusto a mi casa a almorzar-, dijo y de paso me presentó todo el personal de la Alcaldía que lógicamente les dio por curiosear mi libro.

¿Usted no se cansa de andar en bicicleta todos los días? Me preguntó una de las secretarias.

-Y mucho, pero si se trata de una gira de buena voluntad, es diferente.

El pueblo, aunque muy pequeño era todo un dechado de casitas pintorescas. En la plazoleta mayor, se levantaba una enorme iglesia que parecía ocupar todo el pueblo y, al frente, diseminadas por todas partes, toldas de lona a manera de tiendas, ofrecían mercancías, picanterías, plantas medicinales, raíces milagrosas, instrumentos musicales y, muy especialmente, una mujer ofrecía ají pequeñito traído de las montañas del mayab.

¿Es muy picante? Pregunté.

-Diez de esos son capaces de matar un elefante-, me dijo el Alcalde y yo lo tomé en broma. No obstante, picado por la curiosidad tomé tan solo uno y después de olerlo lo deposité nuevamente en su puesto.

A la salida del mercado, nos encontramos unos músicos que interpretaban un tema indígena al son de una chirimía, que según ellos, tenía fama de ser la música más armoniosa del bosque. Movido por la novedad, me detuve y, en ese momento, pasé uno de mis dedos de la mano derecha por el rabillo de mi ojo, tal vez por custumbre, y me quedé mirando al intérprete del extraño instrumento cuando sentí un ardor horrible en mi vista y en pocos segundos me comenzó a lagrimar presa de una repentina irritación. El Alcalde al notar mi confusión, explosionó:

¡El ají!..., usted cogió el ají, ¿verdad?

Pero yo no tenía voz para gritar ahogado en mi propia angustia. Rápidamente una mujer que amasaba tortillas tomó algo de una olleta y se embuchó la boca para salir en mi busca y, tomándome la cara entre sus manos, con sus dedos me abrió el ojo y disparó el líquido que guardaba en su boca. Inicialmente sentí dolor pero, poco a poco, experimenté un agradable alivio, al punto que sentía mi rostro nadar en el dulce.

Recuerdo que en aquel momento, no veía nada y si hoy narro lo acontecido, fue porque más tarde el mismo Alcalde me revivió los hechos, aclarándome que como a los caballos, me habían lavado el ojo con aguapanela.

-Sucede mucho en el mercado, sobre todo con los niños. Por eso, la ventera sabía de antemano lo que pasaba-, aclaró el funcionario.

Después de semejante susto, pasamos a almorzar a su casa.

A las dos de la tarde, el señor Alcalde y su esposa me despidieron rumbo a la ciudad de Guatemala.

-Esto es para colaborarle un poco-, me dijo, al pasarme cinco quetzales. Yo se los recibí agradecido y emprendí la marcha.

Me esperaban tan sólo 60 kms de recorrido pero de una carretera en su mayor parte montañosa que de no haber sido por la exuberancia del paisaje y la espléndida decoración que los campesinos daban a sus humildes casitas, hubiera resultado más bien una jornada agotadora.

Llegué al anochecer y como pasé por un edificio donde se escuchaba golpes de pelota y un pito de árbitro, me detuve. "El Palacio del Deporte", leí a la entrada. Entré y observé que estaban jugando basquetbol.

Unos muchachos salieron a mi encuentro y, en pocos minutos, me pusieron en contacto con el jefe de la Liga Deportiva que al darse cuenta de mi itinerario, me ordenó una gaseosa ofreciéndome el merecido reposo. Esa noche, dormí en el salón de la enfermería.

Al día siguiente, salí en busca del Consulado de México y al contactarme con el Señor Cónsul le solicité la visa de ingreso a su país, pero él me exigió un mínimo de $100 dólares para poder entrar. Yo le expliqué que contaba con $30 y el Cónsul tan sólo se limitó a aconsejarme que volviera después.

En tales condiciones, recurrí a la Liga de Deportes y prometieron ayudarme en compañía de unos panameños que también hacían un recorrido en bicicleta. De tal suerte, la liga preparó una prueba que habría de realizarse entre los cuatro ciclistas visitantes: los tres panameños, un guatemalteco y yo, como colombiano.

La prueba se realizó en el Estadio Nacional a un costo de diez centavos la entrada en nuestro beneficio y no fue de ruta sino una maratón de resistencia, como las usuales de setenta y dos horas.

Fue un fracaso ya que no hubo mucho público y de los cuatro tan sólo llegaron dos, el guatemalteco y uno de los panameños ya que su compañero y yo nos retiramos por exceso de agotamiento. Con siete países ya sobre mis costillas, no estaba ya para esos trotes.

Me dirigí a la liga a dar gracias por el intento de ayudarme y allí me encontré con el Che Ramón.

¿Y qué paso Che, qué haces aquí? Le pregunté simulando no haber oído de él.

-Mira Che, que la percanta lo que quería era bobo propio y yo no estoy para esas cosas..., ¡ya tu sabes!

-Pero te escuché muy animado hablando de matrimonio...

-Por teléfono, Che, por teléfono.

No quise tomarle más el pelo a aquel aventurero empedernido, pero estaba claro que era un hombre sin rumbo, absolutamente imprevisible, pero dispuesto a todo y por ello le dije:

-Tenemos que pensar en algún plan para salir de apuros.

-Así que andamos en las mismas, Che-, me comentó.

Decidimos hacer imprimir un poema dedicado a Guatemala con el fin de distribuirlo a manera de hojas volantes y así obtener cualquier remuneración por ello; pero el sentimiento patrio tampoco motivó a los distraidos transeúntes que terminaban por recibirlo sin dar nada a cambio.

Entonces, en compañía del Che Ramón me fui a recorrer pueblos para hacer exhibiciones y así llegamos a la frontera con México.

Fue cuando Ramón me propuso entrar a México indocumentados y dejar nuestras bicicletas y equipaje en el restaurante de un chino que se ofreció ayudarnos.

Estábamos en Malacatán y desde allí salimos en la noche, atravesando el río Suchiate con destino a Tapachula, la primera población mexicana. Sorteando peligros, patrullas de policía, y la oscuridad del monte, llegamos a un rancho donde nos echamos a dormir sobre unas tablas.

En la madrugada, unos campesinos, machete en mano, nos despertaron para preguntarnos qué hacíamos allí. Les contamos la historia de siempre y al darse cuenta que no eramos bandidos sino aventureros en tránsito, nos ofrecieron café.

Un poco más tarde un camión lechero nos llevó hasta la población donde Ramón sacó de una bolsa unos rollos de plástico para forrar direcciones de bicicleta o timones de todo tipo de vehículos.

-A la hora que vienes a sacarlos-, le reproché.

-Los encontré en el restaurante del chino-, dijo con cinismo.

De todas maneras, con esa sencilla industria en poco tiempo hicimos $200 mexicanos y entonces le propuse regresar y con ese dinero obtener las visas. Como no estuvo de acuerdo, decidí separarme de él y yo me volvi en un autobús de regreso a Guatemala, después de haberle dado los $100 mexicanos que le correspondían por las ventas.

-Díle al chino que allá le caigo por la bicicleta-, fue lo último que dijo y jamás lo volvi a ver en mi vida.

Por suerte, a tiempo me di cuenta del error que estaba cometiendo: no sólo andar con un aventurero sin ningún tipo de metas sino también el de convertirme en un indocumentado y, a la postre, malograr mi viaje y hasta mi propia vida.

Como perro regañado y con el rabo entre la cola, regresé a la cordura, a la lucha y, sobre todo, al respeto por las instituciones, la soberanía de los pueblos y sus leyes.

Nuevamente en Guatemala, conocí un cronista deportivo famoso, del periódico "La Hora". Además de una excelente crónica deportiva que escribió sobre mí, dejó en mi álbum un testimonio muy preciado que prefiero transcribir textualmente:

"Los pueblos tienen su mejor vínculo de unidad a través del deporte. El intrépido ciclista colombiano, Israel Alfonso Valderrama, al emprender la travesía por el Continente, está siendo portador de un mensaje de amistad del pueblo colombiano a través de las Américas. Deseo que el propósito que se ha impuesto sea coronado con el mejor de los éxitos y que Dios lo acompañe por los caminos del mundo".

Samuel Echavarría, Cronista Deportivo, La Hora.

Guatemala, febrero 14 de 1955.

Después de lo sucedido, comentarios como éste, me devolvían la moral y el espíritu de lucha; pero sobre todo, el querer volver sobre la bicicleta que por cierto ya me estaba siendo mella en mis propias sentaderas.

"Culo fierro", dicen los historiadores que le gritaban a Simón Bolivar sus enemigos, cuando pasaba a caballo por alguna plaza, de los cinco países que liberó. En el testimonio que deja su médico de cabecera, efectivamente, dice que sus nalgas eran un callo producido en su piel por el roce con el cuerpo duro de la montura.

Sin pretender compararme con el Libertador, mi caso se estaba poniendo, como decimos en mi tierra santandereana, color de hormiga culona; y frecuentemente tenía que echarme ungüentos para cicatrizar las heridas. Esa fue la razón, por la cual tuve que demorarme en Guatemala, dos largos meses.

Mi permanencia en Guatemala no pudo haber sido más frutífera y las páginas de mi álbum se enriquecieron más con las firmas, sellos y testimonios escritos de las diferentes instituciones que visité, especialmente escuelas y colegios, como:

Escuela de niñas Jorge Washington

Escuela de varones República del Perú

Escuela de niñas Rafael Landívar

Colegio Eugenio Pacelli

Escuela Dolores Nájera

Escuela Nacional de Señoritas

Escuela Cayetano Francis y Monroy

Escuela Mariano Gonzalez.

A estas instituciones se sumaron la Guardia Civil Guatemalteca, Acumuladores Borla, Liga Nacional contra la Tuberculosis y, en especial, el testimonio del Señor Ministro de Colombia, Antonio Orduz Espinosa, director de la Delegación de Colombia en Guatemala:

"Deseo a mi compatriota, Israel Valderrama, éxito completo en su empeño de completar su travesía por rutas terrestres a través de varios países, llevando el nombre de Colombia en su bicicleta y los colores patrios sobre su corazón".

Guatemala, febrero 16 de 1955.

Mi desplazamiento por Guatemala fue en reversa ya que a partir de Malacatán (frontera con Mexico) partí hacia Coatepeque otra población cercana donde arribé en marzo 23. Allí fui muy bien acogido por los miembros de la Guardia Civil que me brindaron hospedaje y, al siguiente día, tuve oportunidad de saludar el Alcalde Municipal y a su culta secretaria quien dejó en mi álbum una nuestra de su excelente caligrafía de pluma y tintero.

El 24 de marzo en Quetzaltenango tuve oportunidad de oír a especialistas sobre los mayas, indudablemente el pueblo de más avanzada cultura en la antigua América Central, creador de una milenaria arquitectura que aún sorprende por su perfección como diestros talladores de la piedra, deslumbrantes matemáticos y grandes astrónomos. A nivel de civilización sedentaria dependió de la agricultura, especialmente del maíz, al que identificaron como uno de sus dioses y llegó a constituir su alimento sagrado e imprescindible. Incluso se cree que el maíz apareció, por vez primera, en las tierras altas de Guatemala, hacia el tercer milenio antes de la Era Cristiana. El Popol Vulh, biblia de los maya-quiché, asegura que los dioses hicieron al hombre de maíz.

Me llamó mucho la atención una frase de uno de los arqueólogos que dictaban conferencias, cuando aseguraba que podemos muy bien aclamar a los mayas, sin temor a engaño, como el pueblo indígena más brillante del planeta.

Mi estadía allí fue muy grata y como permanecí hasta el 7 de abril, tuve oportunidad de visitar muchas instituciones y escuelas. El mismo día 7 de abril, continué mi ruta hacia la población de Antigua, practicamente a pocas horas de Ciudad Guatemala.

Llegué a la capital el 8 de abril y de allí salí, al día siguiente, en medio de la más espantosa pedrea. Resulta que por la época florecían las ideas marxistas y el sarampión comunista había invadido las universidades. Como en esa fecha, conmemoraban solidarios a unos compañeros caídos y muertos bajo la represión policiva y militar, el estrépito de la manifestación era incontenible; y recuerdo que irrumpieron en escena, gritando:

Liberación, liberación…,

Liberación o muerte,

¡Venceremos!

Estudiantes,

¡Liberación!

Obreros,

¡Liberación!

Compañeros: en cada mano,
¡Un fusil!
En cada casa,
¡Un comando!
En cada barrio,
¡Un cuartel!
Pueblo unido,
¡Revolución!
Abajo el imperialismo yanqui,
¡Abajo!
Abajo la United Fruit,
¡Abajo!
El pueblo unido,
¡Jamás será vencido!
El pueblo unido,
¡Jamás será vencido!
El pueblo unido,
¡Jamás será vencido!

Las voces de protesta se chocaron nuevamente con la soldadesca y la enfurecida multitud de estudiantes comenzaron a dispersarse por todas partes, huyendo de los tanques de guerra y los gases lacrimógenos.

Al día siguiente, la prensa hablaba de la presencia en Guatemala de estudiantes izquierdistas panameños y los hacían responsables de dirigir los disturbios.

En esa misma fecha, salí de la capital rumbo a Panajachel, Sololá y a raíz de que un scout me había hecho una invitación muy especial a su asociación, regresé a Quezaltenango. Ese día, recibí el primer homenaje scout de parte de un grupo de compañeros en el extranjero. Estábamos a 12 de abril de 1955.

Benedicto Monzón, el compañero scout guatemalteco aquella vez me dio un sabio consejo para refinanciar mis gastos y oxigenarme económicamente.

-Hazte una visita de buena voluntad a los comerciantes e industriales de la ciudad. A lo mejor te ayudan y firman tu álbum-, me insinuó. Y como yo no estaba en condiciones de dejar pasar oportunidades, tomé cartas en el asunto. Así que entre el 13 al 25 de abril, visité cuanto comerciante encontré y, por suerte, no solo firmaron mi libro sino que también me auxiliaron con algún dinero.

De esta manera pude llegar nuevamente, pero ya con dinero, a Malacatán en busca de mi visa para ingresar a México. Allí se me ocurrió vender partes de mis pertenencias, incluso mi bicicleta Phillis holandesa, para contar con suficiente dinero. No me fue difícil ya que los mismos miembros de la policía de Migración me compraron todo.

ETAPA ONCE

Entrando a México, encontré un tesoro; y al salir, atravesando
el desierto de Sonora, una cascabel me dejó señalado para toda la vida

El Servicio Migración Malacatán departamento de San Marcos, Guatemala, me concedió visa válida por 30 días para salir del país con destino a México via terrestre.

Así pues, ya sin bicicleta, continué mi viaje a pie hasta la primera población mexicana de nombre Talismán. En el servicio de Aduana en la estación fronteriza del Carmen, un funcionario de la Aduana al revisar mi pasaporte y mi álbum, curiosamente escribió estas palabras:

"Que Dios bendiga su viaje, es lo que le desea un amigo de la Aduana del Carmen. Talismán, Guatemala.

Y fue bendecido, porque voy a narrar lo que sucedió:

Al llegar a Talismán me encontré, como dice la biblia, el más grande tesoro que pueda hallar uno en la vida: un verdadero amigo.

Estaba yo, un poco confuso, inspeccionándolo todo en el nuevo país de arribo cuando vi que se me acercó un joven rubio y me preguntó mi destino. Al responderle, acentuó:

-Tú no eres de guatemala.

-Soy colombiano y viajo a un campamento scout, rumbo a Canadá-, le contesté.

-Mucho gusto. Yo también soy scout-, me confirmó.

Seguidamente me comentó que era americano y que estaba allí estacionado esperando un giro de su padre para continuar a Tapachula.

-Yo también voy para Tapachula-, le comenté.

-Qué bien, a lo mejor nos podemos ver nuevamente allá-, dijo.

-Sería muy interesante-, dije animándole.

En ese momento, no sé por qué, saqué $100 dólares americanos que eran el producto de la venta de mis enseres y contando $50 dólares, le dije:

-Pues si nos vamos a ver en Tapachula, tome le presto estos $50 dólares mientras le llega el dinero de su padre.

Noté que se sintió extrañado pero los aceptó y yo de paso pregunté:

¿Y en dónde nos veríamos en Tapachula?

-En la Estación del ómnibus. Yo espero recibir el dinero hoy mismo. Pero pase lo que pase, siempre esté en contacto con esa Estación-, me advirtió y sacando una tarjeta de presentación, me la entregó y me dijo:

-Tome mi tarjeta y si algo sale mal, pregunte por Juanito.

En ese momento, llegó el ómnibus que yo debía tomar y entonces me despedí del joven scout americano; él espero a que yo me instalara en el bus y sólo cuando lo vió en movimiento, observé que salió de la Estación.

Saqué la tarjetica del bolsillo de mi camisa y pude leer en mi rudimentario inglés:

California Roses Corporation
John Van Barneveld.

 Me sentía abrumado. No podía creer que de buenas a primera
me hubiera encontrado con alguien y precisamente un scout
americano, un muchacho como yo.

Como Tapachula estaba justamente cerca, el ómnibus no se
demoró mucho por lo que decidí dar una vuelta en los alrededores
de la Estación, mientras que aparecía mi amigo scout.

Sí, scout; tan sólo eso me había bastado para confiar en él, a ciegas
y sin precedente alguno. Esta es la más hermosa hermandad que
se aprende cuando se es un scout. Nada nos separa, ni siquiera
la lengua, los países, o la adversidad. En la misma forma que la
vida scout nos educa para aprender a sobrevivir, también nos
impone el deber de servir en el momento justo a los demás.

Cayendo la tarde, me acerqué a las oficinas de la Estación donde
me informaron que a las 8pm. llegaba el último ómnibus.

Exactamente, a esa hora llegó y sentí mucha alegría cuando lo vi
de perfil por una de las ventanillas. Cuando se bajó, me saludó
con una familiaridad tan grande que me dió la impresión de
conocerlo desde hace muchos años atrás. Más tarde descubrí,
que esa era precisamente una de sus grandes virtudes.

-Ya tengo reservaciones en el hotel-, dijo. Y cuando traté de
explicarle que yo acostumbraba acogerme a la solidaridad
pública y ciudadana, me advirtió:

-Todo corre por mi cuenta. ¡Vamos!

Ya hospedados, me explicó que su padre era el presidente de una
compañía con sede en California y que eventualmente lo enviaba
a él, a las diferentes ciudades de México a contactar negocios, ya
que estudiaba en la Universidad de Tucson, Arizona. Tambié me

contó que su fluencia en español la debía a sus amigos mexicanos en la Universidad y al contacto permanente con este país.

Por mi parte, le narré mi aventura y de como estaba interesado en reiniciar la marcha en una nueva bicicleta.

¿Dónde piensa reiniciar? Me preguntó. Pero la verdad es que ni yo mismo sabía. A veces sentía la tentación de hacer el viaje en tren directo a México y descansar de tanto pedalear, pero no encontraba el pretexto y tampoco había la razón. Por lo que aprovechando su conocimiento del país, le pregunté:

¿Tiene usted idea de algún lugar para iniciar?

-Depende para donde vaya. Si va para México lo más recomendable sería que iniciara en Acatlán; allí todo es muy barato y en unos días estará en la capital. Y para ser más claro, me explicó sobre mi mapa.

-Yo quisiera conocer Veracruz-, le confesé.

-En ese caso, bájese del tren en Huajuapán de León, el pueblo anterior, y de allí arranca buscando el oriente norte hacia el Golfo y encontrará Veracruz. Además, en ese pueblo, son muy baratas las bicicletas.

Y así fué. Como Juanito iba rumbo a la capital decidimos tomar el tren para separarnos en Huajuapan para reencontrarnos en México.

Nos embarcamos en vagón de tercera clase con sillas de madera. Sus ocupantes, la mayoría mujeres campesinas transportaban canastas con verduras, flores, tortillas. A nuestro lado, un muchacho llevaba colgando de un palo cinco gallinas. En la parte delantera, alguien comenzó a tocar una guitarra y a cantar en voz alta con una naturalidad pasmosa; más adelante se le sumaron otros, y de buenas a primeras el vagón parecía de fiesta.

-Aquí todo mundo canta y toca guitarra-, comentó Juanito y

añadió: por eso me encanta viajar en tercera.

Un tiquetero entró al vagón y ahogado entre los gritos de los charros, anunció la próxima parada.

-Aquí debe desembarcar-, me dijo Juanito.

Nuevamente nos despedimos, con la promesa de que al final de la semana nos veríamos en el Hotel Bolivar, de la Ciudad de Mexico.

El reloj marcaba las diez de la mañana. Al entrar a la población busqué un taller de bicicletas y encontré una tan buena como la que había dejado en Guatemala.

Sin pensarlo dos veces, comencé a pedalear en busca de la salida. En un terminal de tres esquinas, encontré varias flechas señalando la dirección como en las películas. Una de ellas, apuntaba a Tierra Blanca. Como tenía mis dudas, pregunté y alguien me dijo que por ahí se iba en travesía a Veracruz. Obstinado por conocer la cuna de Agustín Lara, por primera vez, me desvié de la Carretera Panamericana. Y valió la pena, porque me encontré una región tan hermosa como Guatemala aunque por carretera totalmente destapada, pero sana. Muchos cultivos, regadíos, sembrados y, de vez en cuando, frondosos pastizales a lado y lado de la carretera. La travesía me costó tres días y como siempre, recibí hospedaje gratuito en los Cuarteles de la Policía o los Bomberos. En esa forma, llegué a Veracruz, un Puerto que me pareció un sueño. Fui derechito al Cuerpo de Bomberos Voluntarios, ya que quedaba justamente a la entrada y allí me ofrecieron hospedaje por el tiempo que quisiera.

Mi primera actividad fue ir en busca del Consulado Americano, pues pensé que debía aprovechar que llevaba conmigo un poco más del dinero acostumbrado, gracias al que me había devuelto

Juanito. Pero al dirigirme en dirección del Puerto, en una cafetería al aire libre, me encontré sorpresivamente con él.

¡Juanito, qué hace en Veracuz! Exclamé al verle.

-Con mi padre, nunca se sabe. Tan pronto estoy aquí como allá. Esos son los negocios. ¿Pero no te parece estupendo?

Y de verdad que lo celebramos.

Un poco más tarde, al Juanito darse cuenta de mi propósito de visitar el Consulado Americano en Veracruz, me dijo:

-Deja eso de mi cuenta-, y acto seguido nos fuimos a buscarlo.

En abril 28, totalmente gratuita, recibí del Cónsul en persona, mi visa múltiple para ingresar cuantas veces quisiera a los Estados Unidos. Y como Juanito le había dicho algo en su lengua, tomó mi libro de registros y escribió en inglés, sobre mi extraordinario Tour por las Américas.

El resto del día lo aprovechamos para conocer Veracruz pero como mi amigo debía regresar a la capital, lo despedí esa misma noche.

-No olvides buscarme en el Hotel Bolivar-, me recordó.

En los días siguientes, conocí suficiente y visité la casa donde nació Agustín Lara, el célebre compositor de boleros y pasadobles famosos en la canción hispana como: Granada, Miseria, Perdida, María bonita, y otros muchos. Como cosa curiosa, la calle donde se encontraba ubicada su residencia llamaba, Calle Colombia.

Preparado para la próxima jornada, la ciudad de Puebla, me temblaron las rodillas cuando alguien me comentó que la distancia entre ambas ciudades era aproximadamente de 400 kms. Después ratifiqué que habían exagerado.

Al llegar a Norteamérica las distancias comenzaron a cambiar radicalmente para mí. Si en los pequeños países centroamericanos fácilmente podía movilizarme, en un solo día, entre cuatro o cinco poblaciones, aquí las distancias eran inmensurables, más congestionadas de tráfico vehícular y por lo tanto muy peligrosas.

Estábamos a fines de Abril del año en curso y comencé a pensar que los días volaban y yo imprudentemente me estaba desviando de la Carretera Panamericana como si contara con todo el tiempo del mundo. Así que decidí salir cuanto antes de Veracruz.

Ese día tan sólo pude llegar hasta Jalapa. Allí recibí una buena noticia: la mayor parte de la ruta siguiente, sería en descenso.

En Jalapa Enriquez, pernocté y gracias a la generocidad de un Teniente de la policía de apellido Romero, recibí algún dinero que él mismo colectó entre sus amigos al celebrarse una pequeña fiesta a la cual asistí como invitado ocasional. Aunque en México las reuniones demoraban hasta la madrugada, salí a dormir temprano, pues a decir verdad, me estaban cogiendo los tequilas.

Según el mapa, de Jalapa a Puebla habían alrededor de 116 kilómetros con un promedio de 3.15 horas lo que en términos de pedalear, equivalía a multiplicar por tres y a buen ritmo.

Llegando a Puebla, sentí agotamiento por efectos de la sed y me detuve en un caserío cerca a un pequeño rancho, donde observé que una muchacha con una múcura en la cabeza transportaba agua de algún río. Le pedí de beber y la mujer muy gentilmente me ofreció una buena totumada. Eran alrededor de las cuatro de la tarde.

¿Falta mucho para llegar a Puebla? Pregunté.

-Como quince minutos.

"Cuarenta y cinco para mí", pensé.

Efectivamente, alrededor de las cinco estaba entrando a la ciudad y pude notar que la gran mayoría de sus construcciones conservaban toda la gracia y belleza de la arquitectura auténticamente Colonial. Como la tarde estaba muy fresca, recorrí la ciudad y después me dediqué a hacerle unos ajustes a la bicicleta para la etapa del día siguiente, a Ciudad Mexico.

Según mis cálculos, el recorrido me tomaría alrededor de tres horas, sólo que había recibido información que la mayor parte era montaña hasta llegar al altiplano donde se abría la gigantesca ciudad de México. Pero hubo un elemento con el cual no contaba y que me castigó sin misericordia: El frío. Comenzó por encalambrarse mi pierna izquierda y casi no me permitía pedalear. En un caserío, me detuve en una botica y compré un calmante en espera de llegar a la capital y hacerme ver de un médico. Unos señores que me encontré, me advirtieron que era peligroso recorrer por las carreteras, pero yo me obstiné y seguí adelante hasta llegar a los Reyes. Pensé descansar en este caserío, pero cuando un motorista me comentó que tan sólo estaba a 19 kilómetros por carretera plana, inmediatamente pensé que se trataba de pedalear una hora más y así llegar de una vez a la capital azteca. Llegué en 45 minutos.

Ya en la capital, me detuve a pensar cómo diablos dar con el Hotel Bolivar, cuando un policía se me acercó. De inmediato le indagué.

¿Tiene dirección? Me preguntó.

Le pasé la tarjetica que me había dado Juanito.

¿De adónde viene?

-De Colombia y voy para el Canadá-, le expliqué.

Con mucho gusto lo llevo al hotel. Esta ciudad es muy grande y se puede perder-, dijo el oficial y llamando a su compañero de patrulla me ayudó a subir la bicicleta.

Me sentí muy agradecido y realmente me hubiera sido casi que imposible llegar solo al lugar, empezando porque el nombre correcto era, Hotel Coliseo Bolivar, y esto confundió a los patrulleros. Pero al final de cuentas, allá fui a dar y, efectivamente, mi amigo se hospedaba en el hotel. Agradecí a los agentes y me senté en la sala a esperar.

Organizado en el hotel, lo primero que hice fue darme una ducha para después bajar a comer y nuevamente restablecido salimos a dar una vuelta por el centro de la ciudad. Caminamos hasta la una de la mañana.

Una vez que amaneció, Juanito me llamó para tomar el desayuno e ir a comprar los periódicos. Salimos y, en las horas de la tarde, fuimos al correo y de paso me invitó a conocer el Edificio Panamericano, una obra arquitectónica orgullo del Distrito Federal, de cuarenta y ocho pisos de alto.

Nuevamente en el hotel, Juanito me dijo:

-Tengo que viajar a California a una reunión de negocios con mi padre; pero si tomas la ruta que te voy a señalar en el mapa nos podemos encontrar en Tucson, Arizona.

-Bueno, desde que aparezca en el mapa, no hay problema-, aclaré.

Tomamos el mapa y cuidadosamente me señaló la ruta a seguir por la Costa del Pacífico.

Esa misma tarde Juanito salió para California.

Cuando ya todo estuvo listo y me encontré nuevamente en condiciones de iniciar una nueva meta, me puse a estudiar el mapa y observé que la distancia entre Ciudad México y la frontera con los Estados Unidos era aproximadamente de 3.000

kms. Me dediqué a dividir las etapas y resolví hacer diariamente una etapa de 200 kms aproximadamente; o sea, que en tales condiciones, necesitaría un promedio de 15 días para llegar, y así lo hice.

De esta forma llegué a Guadalajara, después de haber pasado por Toluca, Morelia y otros pueblos más. Más adelante dejé atrás Tepic, Mazatlán, Culiacán, donde tomé un descanso de un día para cambiar la cadena y un cable de los frenos delanteros de mi bicicleta.

-La cadena está bien, mi cuate, lo que necesita es grasa-, me dijo el bicicletero. Pero yo insistí y él entonces puso una nueva. Siempre me molestó cambiar piezas engrasadas durante un largo viaje y como estaba un poco nervioso con los comentarios que oía de la región de los Mochis, no era para menos.

Catorce horas después, estaba entrando al pueblo de los Mochis donde dormí para enfrentarme a la más difícil etapa pues si hasta aquí el calor me había parecido agotador, lo que me esperaba de ahí en adelante, era un desierto.

-Ahora sí va a saber, amigo, lo que es bueno-, dijo un campesino riéndose de mi obstinación por atravesar en bicicleta la zona desértica.

¿Es tan grave? Pregunté.

-Lo que pasa es que no hay casas, ni nada para acampar, compadre. Tiene que meterse a lo mero macho.

"Pues será a lo mero scout", pensé para mis adentros.

Por un momento, tuve la intención de viajar en un ómnibus, siguiendo el consejo de los campesinos; pero decidí que lo haría, en caso extremo o de verme envuelto en algún serio peligro.

¿Pasan buses constantemente? Indagué tratando de establecer un horario.

-Pues, sí. Y hasta de pronto se topa con los gringos haciendo una película; pero no deja de ser un riesgo, compadre.

-Pero entiendo que hay una carretera...

¡Claro que la hay ! Interrumpió uno de ellos y comentó: no le metan más miedo al señor, hombre-, dijo reprochándoles. -Vea, compadre, hágale a todo dar que usted pasa; pa eso se ve joven y fuerte. Y de lo contrario..., ¡pues coge un bus! Exclamó.

Me pareció el mejor consejo e hice mi salida despegando a un solo ritmo después de haberme aprovisionado de buenos alimentos y suficiente agua. De lo que no parecían tener conocimiento los campesinos, era que yo como scout estaba enseñado y preparado para la supervivencia y que cada obstáculo que se me presentaba en el camino, era para mí, un nuevo reto.

Esta vez programé dos etapas, justamente para los dos días siguientes. Un recorrido aproximado de 215 kms. para el primer día cuya meta fue Guaymas, dejando atrás Navojoa y Ciudad Obregón. En Guaymas, pernocté y traté de dormir lo más plácidamente posible después de una fuerte comida. Sabía que al día siguiente, tenía que enfrentarme al Estado de Sonora y al calor infernal del desierto. Por tal razón, me propuse realizar un recorrido corto de sólo 84 kms.

Ya en Sonora, comencé a pedalear intensamente pero como el viento mantenía constantemente arena sobre la carretera, perdí demasiado tiempo tratando de no resbalar y caer irremediablemte al piso. Seis horas más tarde, pude apearme para descansar y tomar un poco de alimento. A pesar que el día anterior había tenido que atravesar también una región muy parecida llegando a Ciudad Obregón, con zona desértica y todo, esta vez sentí desaliento porque la carretera y el polvo, poco a poco, se convertían en mis peores enemigos. De tal suerte, irremediablemente comenzó a caer la tarde y a cogerme la noche. Miré en lontananza y no se veía alma alguna ni tampoco algún lugar donde acampar.

Por un momento, alimenté la esperanza de que pasaría un ómnibus pero como anochecía, me vi obligado a tirarme a un lado de la carretera agotado por el cansancio. Tendí un ponchito costeño que siempre llevaba conmigo y me dispuse a dormir al lado de unos troncos de madera que vi tirados sobre la arena.

"¿Por qué no prender una fogata?", me pregunté y de inmediato reuní unos cuantos leñitos y les prendí candela. Como necesitaba más fuego, me puse en la tarea de recoger cuanto palo había a mi alrededor, pero al dar el paso sobre una empalizada, sentí el ruido horripilante de una cascabel y su certera mordedura un poco arriba de mi botín derecho. Fue tanto mi susto que, enloquecido del dolor y la rabia, la aplasté a golpes con uno de los palos que había recogido.

Presa del terror, corrí a la hoguera y metí entre las llamas mi cuchillo scout mientras que amarraba con un cordón la parte superior de la mordedura. Cuando advertí la hoja del cuchillo al rojo vivo, lo pulsé sobre la herida y cerrando los ojos, lo apliqué sin misericordia sobre el área ensangrentada.

Mi grito desgarrador debió sentirse en la inmensidad del desierto porque yo sentí su eco ahogado y sin palabras dentro de mi propio ser.

Tiré como pude toda la leña sobre la zarza ardiendo y resguardándome en el calor de las llamas me puse a esperar los efectos de mi bárbara y primitiva cura.

Aproximadamente a las diez de la noche, sentí el ruido de un motor. Me volvió el alma al cuerpo cuando vi que un hombre se bajó y se dirigió hacia mí.

¿Necesita ayuda, cuate?

De lleno le expliqué lo que me pasaba ensenándole la herida.

-No se preocupe, si ya se quemó la herida, tan solo le toca esperar que sane. Miró a mi alrededor y ordenó: vamos, cuate, súbase a mi camión mientras yo le ayudo con la bicicleta.

-Me gustaría saber, a qué distancia está Hermosillo-, dije.

-Sólo diecisiete. Pero no se preocupe lo llevaré a mi casa-, me aclaró.

Diez minutos después llegamos a un paradero sin nombre y apenas el hombre tocó la bocina del destartalado camioncito una mujer navajo, salió a su encuentro. Le habló en una jerigonza que yo no entendí, y de inmediato la mujer puso a calentar agua en una estufa de petróleo. Sin decir una palabra, la india me lavó la herida mientras que observé al hombre hervir una cajita metálica con una jeringa de vidrio en su interior.

-Esto es para cortar cualquier residuo de veneno. Nunca se sabe-, comentó.

Pues si la herida no alcanzó a entumecerme el pie, la inyección de antibiótico me dejó totalmente paralizado del dolor y sin poder caminar normalmente.

-Descanse, mañana será otro día para usted-, me dijo señalándome una hamaca que parecía guajira por la riqueza de los colores.

Dormí plácidamente. En la madrugada, registré que mi pierna había mejorado muchísimo. Me levanté y pude caminar normalmente, aunque con un leve recelo.

El hombre, era un mexicano de Durango que tenía un paradero en el desierto y, su mujer, como lo presumí, era de origen navajo.

-La mordedura de una cascabel lo deja a uno señalado para siempre- dijo el mexicano y me enseñó las cicatrices de dos mordeduras.

Y tenía toda la razón del mundo, porque han pasado 50 años después de aquel incidente y aún puedo enseñar a los curiosos, las huellas imborrables de los dos colmillos.

En ese mismo día me llevaron hasta Hermosillo, donde no tuve más alternativa que tomar un camion de paso hacia Nogales donde me bajé en la frontera que correspondía a la última población mexicana.

Mi uniforme scout y tal vez los emblemas de mi bicicleta, atrajeron algunos curiosos a los cuales les pregunté sobre algún Club o Liga Deportiva.

-En la salida para Estados Unidos, está el Club Ciclista Nogales-, me informó un muchacho y como era evidente que no hacía nada, se me ofreció a acompañarme. Estaba cerrado pero como por arte de magia, fueron llegando algunos muchachos en bicicleta.

-Nos reunimos en la noche-, me explicaron.

Esa noche dos de los deportistas me invitaron al cine y me colmaron de atenciones; uno de ellos, me invitó a su casa y allí pasé la noche con su familia. No había tocado el tema de la picadura de la serpiente, cuando alguien comentó que habían encontrado muerto un colombiano en pleno desierto por mordedura de culebra. Los dos amigos que ya habían oído mi historia se reventaron de la risa.

Estos mismos amigos me acompañaron, al día siguiente, hasta la frontera con Nogales, Sonora; y Nogales, Arizona; pero antes de llegar allí, ellos me comentaron que existía la posibilidad de que me exigieran mostrar $200 dólares y yo justamente no contaba con toda esa suma. Un señor que hacía cola a mi lado, al notar mi preocupación me alentó ofreciéndome ayuda.

-Yo le presto los doscientos y usted me los devuelve al otro lado-, me dijo.

-Y yo se lo agradezco infinitamente-, le comenté.

ETAPA DOCE

Llego a los Estados Unidos de América.
El país de Simpson Sears, donde una moderna bicicleta
me costaría $0,38 cts

En mayo 2 de 1955, ingresé a los Estados Unidos y como cosa curiosa el oficial de Migración ni siquiera me preguntó por plata. Pero de todas maneras, busqué al desconocido que había confiado en mí, y le devolvi su dinero.

Ya, al otro lado de la frontera, en territorio de Arizona y oyendo que todo mundo, hasta los mexicanos, hablaban en inglés me sentí extraño o, más bien, extranjero. Más esto no me aminaló, todo lo contrario, sentí mucha curiosidad y unos deseos muy grandes de llegar algún día hacer lo mismo.

En lo primero que pensé fue en Juanito. Estaba en su país y como es lógico, en mis circunstancias, veía en él un invaluable recurso.

Pensé también en mi estado físico y admití que aunque no sentía dolor en el pie, aún estaba resentido y con el área lastimada cubierta de gaza y espadadrapos.

"Debo continuar en ómnibus", pensé. Pero tuve que descartar la idea ya que solo transportaban mi bicicleta si la empacaba en una caja. Por fortuna, un mexicano que a diario cruzaba la frontera con carga de tomate aceptó darme un empujón.

-Acomódela ahí, cuate-, dijo refiriéndose a mi cicla.

Eran las nueve de la mañana y según él, tan sólo estábamos a 85 millas de Tucson, Arizona.

A medida que nos adentrábamos en territorio americano, pude observar un cambio muy significativo en todo lo que veía: la arquitectura de las construcciones, las granjas a lado y lado de la carretera y, por supuesto, una via que invitaba a pedalear.

¿Toda la carretera es tan impecable?

-Le regalo esta camioneta si encontramos un hueco-, contestó.

Acostumbrado a pésimas carreteras o a vias inconclusas, no tuve más alternativa que asombrarme.

¿Se cayó? Me preguntó al punto que miraba mi pie.

-Me picó una cascabel cuando atravesaba el desierto.

¡Felicitaciones! Y como advirtió que me había sorprendido, completó: Entre los chicanos es síntoma de buena suerte.

Se refería a los mexicanos que atravesaban el desierto de Arizona, a cualquier costo, en busca de fortuna a los Estados Unidos. El llegar ilesos, al otro lado, era ya un buen augurio.

El mexicano lamentó no poderme llevar hasta la Universidad de Tucson ya que no estaba sobre su ruta; pero me prometió que me dejaría en una Estación de Policía donde él conocía un oficial de origen latino que a pesar de no tener mucha fluencia en español, entendía y se hacía entender. Y así fué.

Ya en la Estación de Policía, el oficial rápidamente se puso en la pista de Juanito. No hacía cinco minutos que esperaba, cuando me dijo:

-Ya tengo su amigo al teléfono, puede hablarle.

Qué alegría tan grande sentí cuando al otro lado de la línea oí a Juanito que me pedía no moverme de allí, con la advertencia que me recogería en pocos minutos. Agradecí al oficial su ayuda y le pedí que me permitiera permanecer en la Estación hasta la llegada de mi amigo.

-No hay problema, señor. Puede permanecer aquí el tiempo que necesite, sólo que estoy de servicio y debo irme. Ok?

-Ok-, contesté.

Quince minutos después apareció Juanito que al verme comentó:

-No lo esperaba tan pronto, Israel.

Entonces le expliqué que me había visto obligado a aceptar un empujón dadas mis circunstancias. -Ahora lo que necesito es un cuarto para pasar la noche-, dije.

-Eso ya está arreglado-, aclaró y de paso me preguntó sobre como me sentía para el resto del camino. Le dije que era cuestión de una semana.

-En ese caso, vamos al hotel.

Ya en mi cuarto estuvimos hablando sobre mi situación, mis próximas metas y sobre todo de mi visita a su casa paterna en California. Confieso que durante el almuerzo, me embargó tanta emoción que terminé por dejar todo servido y hasta se me humedecieron los ojos.

-Yo entiendo-, comentó mi anfitrión.

Posteriormente, salimos para la Universidad, donde Juanito me presentó dos señoritas americanas con las cuales compartimos el resto del día; al atardecer, fuimos a una loma donde se divisaba una hermosa panorámica de la ciudad y una de las niñas me hacía bromas porque el saco que me había prestado Juanito, me quedaba tan largo, que parecía una levita.

Al día siguiente, volvió al hotel a recogerme, pues, yo había decidido comprar una nueva bicicleta, apta para este tipo de carreteras.

Visitamos muchos almacenes especializados, pero en ninguno encontraba la que deseaba comprar. Finalmente, llegamos a Simpson Sears y la encontré. Era una bicicleta, mucho más descansada que las anteriores; con un timón en posición de cuerno y, lo más importante, de tres velocidades, las cuales podía cambiar según la altura o el plan. No recuerdo el costo normal de una bicicleta de esas características por aquellos tiempos; pero por los comentarios que Juanito hizo de mi gira por las Américas, me remitieron a un departamento de ventas a firmar algo.

-Firme esta factura de compra por $0.38 cts.-, me dijo y añadió: Como no se la pueden regalar, le han hecho una constancia de venta por ese precio.

Los dos días siguientes, Juanito me estuvo enseñando la ciudad y finalmente cuando decidió que yo continuaría la marcha, él, sobre el mapa, me hizo un delineamiento de la ruta que debía tomar para llegar donde estaba su residencia.

"Take it easy" o "cógela suave", fue el primer modismo que le aprendí a Juanito de tanto oirlo; y así fue, porque de ahí en adelante, debido al estado de mi pie, me vi obligado a hacer frecuentes estaciones.

Estrenando bicicleta, inicié mi nueva maratón hacia Gila Bend, una población relativamente cercana; pero aún no había recorrido las primeras treinta millas, cuando se reventó un cable de los frenos. Me abrí del camino a un lugar intermedio de nombre Casa Grande y allí tuve la suerte de encontrar una niña de origen mexicano que me sirvió de intérprete y en pocos minutos pude reparar mi bicicleta. En Casa Grande, fui invitado por la familia de la niña a comer unos tacos mexicanos tan deliciosos como picantes. Al despedirme, el señor de la casa me encareció:

-Tenga cuidado al entrar en el desierto.

¿Es que hay otro? Pregunté.

-Es realmente el mismo de Sonora, pero éste, pertenece a Arizona; pero no tema, el trayecto es corto y pronto estará en Gila Bend.

Convencido en que al perro no lo capan dos veces, me metí nuevamente al desierto pero me subí en el primer camión que pasó con el fin de evitarme más contratiempos.

Al llegar a la meta entré a un café donde encontré a un caballero español, con quien estuve hablando de mi aventura. Al final de cuentas, resultó dándome hospedaje y de paso me di cuenta que era el único carnicero en esa zona. Estuvo hasta muy tarde enseñándome una fabulosa colección de cuchillos.

En la mañana, el hombre me despidió y así inicié mi recorrido de Gila Bend a Yuma, una ciudad situada en la frontera con California.

Yuma estaba a cien millas de distancia. Entre otras cosas, enseñado a contabilizar mi tiempo en kilómetros, me dió mucha dificultad aprender a calcular mi tiempo de recorrido en millas, ya que no contaba con una tabla de conversión apropiada. Pero mi bicicleta era mucho más veloz y sobre todo muy apta para esta región en muchas partes muy quebrada, aunque hermosa. En horas de la tarde, comencé a descolgar sobre un valle bordeado de una cadena de montañas de indescriptible belleza; como quien dice, ya comenzaba a dejar el desierto de Sonora y me aproximaba a California.

Hay algo que no entendía: eran las diez de la noche y aún parecía de día; pero al llegar a Yuma, alguien por señas, me confirmó que efectivamente era de noche. El pueblo me pareció más que tranquilo, por lo que decidí preparar mi tienda de viaje y acostarme a descansar en el patio de lo que me pareció una hermosa iglesia. Muy de mañana, sentí que alguien estacionó un lujoso automóvil Ford 55, Thunderbird nuevecito, de color blanco combinado con amarillo y se bajó abrir aquel lugar. Posteriormente, llegaron dos autos más.

"De pronto van a celebrar alguna misa", pensé y me apresuré a recoger mis cosas.

La iglesia resultó una biblioteca y los filigreses, empleados de planta.

Por una excelente carretera, inicié mi viaje de 134 millas más para llegar a El Indio. Allí me encontré un muchacho mexicano quien me contó que en Riverside, a dos horas de allí, conocía a una familia colombiana muy amable y que seguramente se sintirían contentos de verme.

-Si desea, lo puedo acompañar mañana en mi bicicleta-, me propuso.

Me pareció una excelente idea y después que acordamos vernos al día siguiente, me eché a dormir nuevamente en mi tolda.

A eso de las nueve apareció el mexicano.

-Me tocó engrasar la cicla, mi cuate-, me dijo.

Rápidamente partimos y exactamente en hora cuarenta y cinco minutos, estabamos tocando a la puerta.

Era una familia de Bucaramanga, Colombia, que al darse cuenta de que eramos paisanos se regocijaron muchísimo.

-Un bugangués en estos lares y en bicicleta,... ¡esto es increíble! Decía la señora de la casa, una mujer que vivia con su hijo y un sobrino de 10 años.

Me estuvo contando que hacía 12 años vivian en California y que desde eso, no habían vuelto a Colombia, por lo que se mostraron muy interesados en conocer noticias de la patria lejana. Después de un suculento almuerzo, me ofrecieron alojamiento y yo gustoso me quedé a dormir.

-Si tiene ropita sucia, aproveche la lavadora-, me dijo. Me pareció excelente idea y antes de sentarnos a platicar aquella noche me aseguré de lavar todas mis prendas.

A la hora de dormir, la señora me señaló un especie de galponcito que había a un lado de la casa donde ocasionalmente dormían visitantes. Como también hacía las veces de gallinero, aquella noche no me dejaron dormir los piojos de las gallinas.

En la mañana, mi anfitrión llamó a un periodista local y éste me dedicó la crónica deportiva del sábado.

El domingo, muy de madrugada inicié mi jornada hacia La Puente, California, donde precisamente vivia Juanito. Como la distancia era supremamente corta, llegué a su residencia a las dos de la tarde del 15 de mayo de 1955.

En mi álbum de firmas y registros, conservo la nota en tinta de bolígrafo, cosa que me llamó la atención, porque esa nueva técnica de lapiceros aún no se conocía en nuestros países apenas en desarrollo. En homenaje a esa vieja amistad que siempre he llevado durante 50 años en lo más profundo de mi corazón, prefiero transcribir textualmente al final de esta narración, las palabras que aquel día me escribiera el padre de Juanito, el señor John Van Barneveld, hoy ya fallecido y de quien conservo grata memoria.

Eran inmigrantes holandeses. A las seis de la tarde, el señor Van

Barneveld me invitó a cenar con su familia y me pude dar cuenta que igual a su hijo hablaba un poco de español, aunque no con la fluencia de Juanito.

Después de la cena, Juanito me invitó a dar una vuelta por el pueblo y de paso recogió unas amigas para un Club nocturno.

Como el padre de Juanito era miembro de Rotary International, fui invitado a su reunión comida donde a pesar de no entender nada de inglés, me di cuenta que hablaban de mi proeza y, por consiguiente, fui públicamente ovacionado con voces de aliento y aplausos. Uno de los miembros del Club que tenía un hijo scout, prometió ponerme en contacto con un grupo de la población y, en efecto, al día siguiente participé, por primera vez, en Norteamérica, de una reunión de 70.000 scouts, en el famoso Estadio Rose Bowl de California.

Recuerdo que en mi entrada triunfal al imponente lugar, de repente, prendieron todos los reflectores por lo que perdí el equilibrio cayendo de bruces sobre la grama. Una nutrida ovación de aplausos me dio ánimos para levantarme y volver a montar mi bicicleta.

En los últimos días de mi estadía en casa de Juanito, fui invitado a conocer la hermosa ciudad de los Angeles donde me entrevistaron por un canal de televisón de la época. Luego, visitamos otras poblaciones vecinas y de verdad sentí temor de recorrer en bicicleta, aquellas vias tan congestionadas.

Observé las señales de tráfico y, efectivamente, habían avisos que prohibían el paso de bicicletas por determinadas áreas de la ciudad.

Terminado mi Tour, en la noche, Juanito se encargó de señalarme nuevamente en el mapa la via que debía tomar rumbo a San Francisco.

-Siempre bordeando la Costa Pacífico por la 101-, me aconsejó.
¿Y existe otra?

-Por supuesto. La 5; pero es una via demasiado congestionada y peligrosa para un ciclista. Además corre el riesgo de que lo pare la policía-, opinó Juanito.

Muchas veces durante mi viaje, recibí muchas muestras de aprecio y cariño; no obstante, estas manifestaciones respondían a un estilo de vida, a unas costumbres, a una idiosincracia muy nuestra y propia de nuestros pueblos; pero en el caso de la familia Van Barneveld yo me sentía doblemente agradecido porque me habían recibido en su propia casa y honrado con su amistad sin tener de mi ninguna referencia o antecente. Tal vez, pienso yo, el solo hecho de ser scout sumado al carácter de solidaridad mundial que ello conlleva, les había inducido a tenderme la mano y convertirse en las primeras personas, más cercanas a mí en Norteamérica.

Pedaleando y bordeando la costa del Pacífico, sentí un pito de automóvil de alguien que quería llamar mi atención.

¡Colombiano, colombiano! Me gritaba. Y cuando vi que se abría a la orilla de la carretera, paré mi bicicleta muy cerca de su automóvil.

¿De adónde viene, paisano? Me preguntó.

-De Medellín-, le contesté.

¡Qué bien! Exclamó y de inmediato me comentó que era el Cónsul colombiano en la ciudad de los Angeles y lamentó de que no lo hubiera visitado.

-Bueno, en los Angeles estuve pero no en bicicleta; aunque me hubiera gustado mucho visitarle-, aclaré.

-Voy a regalarle una banderita de Colombia para que la ponga con esa que lleva en la antena-, dijo al punto que buscaba en la guantera. Si no es por ella, no lo identifico. ¿Y hasta dónde piensa ir? Preguntó.

-Voy para el Canadá, pero estoy muy nervioso porque escasamente tengo dos meses para llegar-, dije.

¿A qué parte?

-Niágara -on -the -Lake, Ontario.

-Justamente es el tiempo que necesita-, comentó con mucho acierto.

Me alegró mucho el encuentro con aquel colombiano y en provecho de mi buen estado físico y la motivación que sentí al estar cumpliendo con mis metas propuestas, continué por la 1 sin contratiempo alguno y siempre bordeando la costa hasta llegar a Ventura donde pasé la noche en la Barra Hotel, del 239 S. California Street.

En este hotel, me encontré una señora recepcionista, posiblemente la dueña, de nombre Hilda Eruvin quien me recibió gratuitamente y en mi álbum escribió una nota de felicitaciones, invitándome a hospedarme nuevamente a mi regreso.

Esa noche, en el hotel, conocí a una pareja inolvidable: Bill and Carol Satcher, californianos, con quienes a pesar de las dificultades sostuve una larga conversación en español. Como el señor Bill tenía la figura y carácter del hombre magnánimo me ofrecieron su amistad y cuando le pedí su firma para mi libro, se mostró muy emocionado escribiéndome de paso una página completa, la cual transcribo al final de este relato como un testimonio más de todo aquello que siempre me mantuvo en alto y nunca me dejó desfallecer.

Corría el primero de junio de 1955.

Muy temprano, salí camino a San Luis Obispo por un paisaje de indescriptible belleza y una temperatura muy parecida a la de Antioquia por la frescura del clima; antes de llegar a una región de nombre Santa María, me encontré una montaña colosal y, por un momento, sentí temor cuando advertí que debía atravesar un túnel. Poco a poco, me fui aproximando pero en vez de encontrarme en un oscuro laberinto, me sentí como en un tubular de cristal por la claridad con que pude manejar dentro de él; en ese momento, recuerdo que pasaron varios motoristas, que al verme, me saludaban y se mostraban extrañados de mi osadía.

En pocas horas estaba entrando a San Luis Obispo y me detuve en una Estación Esso de gasolina atraído por un bombero de aspecto hispano que resultó, por suerte, mexicano. Le pedí información sobre un posible lugar para pasar la noche y, él muy cortesmente, me dijo que hablaría con su jefe, para que me permitiera dormir en un taller de reparaciones que había allí, al lado. El hombre aceptó y allí pernocté para continuar al día siguiente hacia Salinas, la última ciudad en la cual dormiría antes de llegar a San Francisco.

De San Francisco tengo los más gratos recuerdos, porque por ser uno de los más grandes asientos scouts del mundo; a cada paso me encontraba con jóvenes que al verme en bicicleta, con banderolas y mi uniforme scout, se me acercaban y así fuera por señas, terminaban por solidarizarse con mi aventura.

De esta manera, unos amigos scouts de la localidad, me recibieron en su campamento por invitación de uno de ellos y me atendieron como en mi propia casa. Más aún, me invitaron a compartir con ellos una gran fogata que tenían programada para el sábado siguiente pero tuve que excusarme ya que mi visa americana estaba próxima a expirar.

El 7 de junio, visité al señor Sebastián Ospina, Cónsul General de Colombia en San Francisco quien me alentó textualmente con estas palabras:

"Son mis votos por un feliz éxito en su difícil empeño. Buen viaje".

En esta hermosa ciudad, estando de visita con unos amigos hispanos, sorpresivamente se me frenaron los pedales de mi bicicleta hasta tal punto que no podía pedalear ni para atrás ni para adelante.

-Pero si es nueva-, comenté; y como buscando alguna solución les enseñé la factura de compra que Juanito me había entregado.

¿$0.38 centavos?..., ¡eso es imposible! Exclamó uno de ellos entre risas. Entonces me tocó explicarles lo que había pasado.

Con la factura me llevaron a Simpsom Sears de San Francisco y en vez de reparla, me la cambiaron por otra, exactamente igual pero nueva.

La comunidad hispana en San Francisco, en los años cincuenta, estaba ya creciendo en forma inverosímil; la bonanza económica del país norteamericano y su crecimiento industrial habían incentivado la inmigración masiva de mexicanos, sus inmediatos vecinos, hasta el punto que por esa fecha contaban con pequeñas empresas, buenos empleos, granjas, y parcelas de tierra a nivel rural. Con grata sorpresa recibí de un microempresario, un ejemplar de periódico en español, o mejor dicho en spanglish, porque se comía todas las tildes y eñes pero de todas formas hablando de mí con inmerecidos elogios. Igualmente, un boletín scout en inglés, hablaba de mi forma tan original de viajar a un Jamboree, venciendo todo tipo de obstáculos y hacía mención hasta de la mordedura de culebra.

Al tercer día, visité el Consulado colombiano en la ciudad para obtener una credencial de recomendación en inglés hablando de mi gira de buena voluntad y, por ende, de mis dificultades en tal idioma.

En la noche, acepté una invitación a un Club nocturno de San Francisco donde una dama en forma espontánea recogió entre sus amigos una buena cantidad de dólares y me los entregó como contribución y ayuda para mis próximas jornadas.

Cuatro días duró mi estadía en la ciudad perla del Pacífico. Mi próxima meta fue Santa Rosa a una distancia de 80 millas, las cuales hubiera cubierto en un tiempo razonable de no haber tomado una ruta equivocada y perder casi tres horas y media de recorrido. Finalmente, gracias a un oficial de la policía logré enrutarme correctamente hacia la salida y continuando la marcha llegué al Golden Gate, el más hermoso y gigantesco puente como jamás lo había visto en mi vida. Sentí miedo de pasarlo porque no sabía si estaba prohibido hacerlo en bicicleta; pero como no vi ninguna señal que me lo impidiera seguí adelante, a buen paso y con extrema cautela. Al desembocar a la carretera, me detuve a observar la grandiosa obra de ingeniería y la belleza del mar Pacífico en lontananza. Hacía un calor bárbaro.

Como había perdido mucho tiempo, llegué obviamente tarde y cansado. Pasé la noche en Santa Rosa, en un cuarto de la trastienda que me ofrecieron unos mexicanos dueños del Mazatlán Café, donde vendían tamales, enchiladas, con tanto éxito que no daban a basto. Yo me ofrecí a lavar platos o algo por estilo pero el dueño en una forma muy cortés me mandó a descansar.

En Santa Rosa, California, estuve hasta el día 9 de junio, fecha en la cual salí para una de las jornadas más duras en mi viaje: Eureka.

En esta región, pude experimentar la ayuda de una buena bicicleta en la loma. Su sistema de cambios me facilitaba un pedaleo corto pero mucho más eficiente y descansado hasta tal punto que en el ascenso en la montaña, sentí mucho alivio comparado con el esfuerzo que muchas veces tuve que hacer con bicicletas de trinquetera normal.

La región muy rica en madera, se veía a lado y lado de la carretera bordeada de árboles de pino, gigantescos, majestuosos. El tránsito vehicular, en su mayoría camiones cargados de trozas de madera, era pesado, y subían tan despacio que muchas veces tuve oportunidad de pegarme de la carrocería y aliviar mi viaje. De esta manera, llegué a Eureka donde me aconsejaron visitar un lugar scout muy reconocido en la ciudad. Ciertamente, en las horas de la tarde fui recibido por un jefe scout quien me invitó a su casa y después de ofrecerme una exquisita comida estilo americano me hizo preparar una habitación para que descansara.

Tenía dos hijas bellísimas que a pesar de no hablar español estuvieron revisando mi libro de notas y tratando de hacerme preguntas alrededor de mi viaje.

De Eureka a Crescent City, por las características mismas de la región mi viaje fue muy placentero. Un área increíblemente hermosa que en el mapa aparecía como un Parque Nacional. Por doquier se divisaban los bosques de madera, lagos y hermosos riachuelos.

En Crescent City, Mr. And Mrs. Ralph Brand los gerentes del Crescent Bay Hotel, me recibieron como huésped de honor en uno de sus lujosos cuartos y fui invitado por la misma señora Branch, en persona, a su mesa para la cena de la noche. Nunca imaginé que me sentiría tan feliz con este tipo de atenciones, aunque de hecho las acepté con la misma sencillez y espontaneidad que ellos me brindaban.

A medida que me fui internando más y más en territorio norteamericano, observé lo importante que era el ser un scout y como la organización internacional del escultismo tenía en las principales ciudades y pueblos cientos de personas listos a servir y a trabajar por los demás.

En junio 15, después de haber pasado por Grants Pass, Eugene, Albany y Salem, llegué felizmente a Portland, Oregón. Allí recurrí al viejo sistema de conseguir posada en los cuarteles y, en efecto, la obtuve con toda clase de comodidades; si algo noté en este país, fue el confort de que disfrutaban los oficiales de la policía y dicho sea de paso, la impresión que causaba en uno, la enorme estatura de ellos.

En Portland, indagué por el Consulado colombiano pero como no existía, visité el Consulado General del Perú, donde su funcionario de turno el señor Amadeo Ditroit Fuchs llamó a un scout de nombre H. Halpenny quien se ocupó de mi por el resto del día. De él recibí una nota de recomendación para el oficial de policía, Sargento Sheppard, su amigo personal y con sede en la población de Olimpia, la meta siguiente.

El 17 de junio de 1955, el Sargento Shepard me escribió la siguiente nota en inglés: "Greetings from Olimpia, Washington. The best of luck to you. Sgt. Shepard, Olimpia Police".

Aquí me vine a dar cuenta que por fin estaba en la región de Washington, el estado limítrofe con la Provincia de British Columbia, Canadá.

Como existía una interesante comunicación entre los representantes de la ley y las instituciones scouts, fue el Sargento Sheppard quien me puso en contacto con el jefe de scouts de

Olimpia, un americano de apellido Morgan que disfrutaba hablando español, y quien me prometió que nos veríamos en el gran Jamboree de Niagara- on the- Lake, Ontario, Canadá. Y como pudo, me hizo ver que estaba practicamente en las puertas de Vancouver, B.C.

"Un día más y estoy en Canadá", pensé y de hecho que no lo podía creer.

Al despedirme de Morgan, en la noche del 17 de Junio me entregó un paquete para que lo amarrara de mi bicicleta.

-Es mucho buena para el frío-, me dijo en un español urgente. Yo abrí el paquete y se trataba de una chaqueta azul, impermeable, con emblemas impresos y el águila americana bordada en alto relieve.

-La usan los pilotos de la Fuerza Área de los Estados Unidos-, me explicó y como justificando el regalo, añadió: no la uso.

Para mí y en mis circunstancias, fue un regalo muy precioso porque a pesar de que estabamos oficialmente en la estación de verano, la aproximación al Polo Norte en horas de la madrugada o la noche, se sentía en frías corrientes.

-Son los vientos de Alaska-, decía la gente que residía en este lugar.

La madrugada del 18 de junio de 1955, fue para mí de fiesta. Mi estado de ánimo no podía estar mejor, la temperatura inmejorable y, sobre todo, ya me sentía muy cerca del país soñado.

Pedalié como nunca y después de haber atravesado Tacoma, me detuve en unas cabañas antes de llegar a Seattle para aprovisionarme de agua. Unos turistas que tomaban fotografías sintieron mucha curiosidad al verme llegar en bicicleta y por los emblemas patrios dedujeron que venía de muy lejos. Uno de ellos, al parecer italiano por su fonética, me pidió que posara con ellos para unas fotografías y yo acepté gustoso. Más tarde, el mismo personaje me invitó a comer pasta y de esta manera aseguré, aunque muy temprano, la comida del día. Estando en el comedor pedí excusas para retirarme y en el momento que tomé mi bicicleta vi que el italiano le pedía de a dólar a cada uno de sus compañeros y, como eran cinco, se aproximó a mí con los billetes, los dobló y los metió en el bolsillo de mi camisa.

¡Gracias!, les dije sonriendo a lo cual el italiano respondió en voz muy fuerte: ¡Vaya con Dios!

Continué mi viaje a Everett por una región montañosa, con paisajes de calendario y una carretera impecable y sumamente variada por las continuas curvas. De Everett pasé a Mt. Vernon, Ana Cortés; esta población me llamó mucho la atención por su nombre pero no encontré hispanos. Allí descansé un poco y me pude dar cuenta por la señalización vial que estaba a pocas millas de Bellingham.

En efecto, en un abrir y cerrar de ojos estaba entrando a la población, a eso de las cuatro de la tarde, del 18 de junio del año en curso.

"Hasta el último momento debo recurrir a la policía", me dije y como pude, pedí que me orientaran hasta el cuartel más próximo.

Bellingham, Washington, era geográficamente la última población de importancia en territorio americano.

Fui muy bien recibido por los oficiales de policía, Sargento W. Calhoun y el Capitán Cecil Klein. Ellos me explicaron sobre el mapa, que Blaine, la frontera con Canadá, estaba a pocas horas de allí; y me invitaron a dormir en Bellingham para que al día siguiente, descansado y bien alimentado continuara hacia el país vecino.

Yo para evitarme problemas a mi llegada a la frontera, les pedí sus firmas y alguna recomendación. Fue el Sargento quien escribió deseándome un feliz viaje y anotando su admiración por mi coraje. ¡Cómo me gustó esa expresión en inglés!..., francamente, la leí y la escuché muy parecida a la misma palabra en español.

La eficiencia de estos americanos me pareció sorprendente; no tenía dos horas en aquella estación de policía cuando apareció un joven reportero del periódico local, el "Bellingham Herald", quien me tomó una fotografías con mi bicicleta. Lamentablemente, no pude contarle nada; pero él, como buen periodista, debió imaginárselo porque al otro día, en la mañana, el capitán me enseñó el periódico con el siguiente titular: "Legs of Steel" (Piernas de Acero). Seguidamente hacía una apología de mi viaje pero con alguna exageración, o algún mal entendido, porque al final me deseaba buena suerte y éxitos en mi tezonuda carrera hacia Alaska.

De todas maneras, me pareció un detalle muy bonito y lo conservé casi por 35 años; pero después de tanto tejemaneje, con el correr del tiempo, terminé por perderlo.

No obstante, conservo en mi álbum su firma con el siguiente anagrama en inglés:

"Best wishes to a man who plenty of real adventurous spirit and strong legs".

Glem larson, reporter, Bellingham Herald.

(Mis mejores deseos para el hombre que realiza la más completa aventura de espíritu y piernas fuertes).

De todos los epítetos, alabanzas, comentarios y hasta apodos que recibí a lo largo de los 25.000 kilómetros de recorrido que hice, fue el de "Piernas de Acero" el que más me llenó de satisfacción personal, no sólo por su connotación con la realidad vivida por mí, sino también por la urgencia, la gran necesidad de que el hombre moderno entienda la importancia de desafiar el mundo y sus fronteras, con esa pequeña maravilla que es su propio cuerpo. Agotado unas veces y otras oxigenado en mis pulmones, nunca desfallecí cuando tuve el valor y la disciplina para mantener mis extremidades, sobre todo mis piernas, siempre dispuestas para la lucha de la próxima meta.

ETAPA TRECE

Bienvenido a Canadá.
El hermoso país de la Real Policía Montada

En la madrugada, como lo había planeado salí rumbo a la frontera con Canadá. Como estaba relativamente cerca llegué mucho antes del mediodía. Cuando llegué, el guardia de Migración revisó mi pasaporte y entonces yo advertí que iba al Jamboree de Niagara-on -the -Lake, en Ontario. Para ratificar mis palabras enseñé mi álbum personal de registros con las firmas de los funcionarios americanos y los testimonios de personalidades y amigos. Pero para sorpresa mía, el oficial me preguntó en español.

¿Trae dinero?

La pregunta me pareció tan seca y repentina que con toda franqueza, contesté:

-No mucho.

Acto seguido me pidió sentarme y esperar en una sala dispuesta para viajeros en tránsito.

Esperé media hora y nadie puede imaginarse todas las cosas que pasaron por mi mente. De repente, apareció ante mi un oficial de la Real Policía Montada; me invitó a salir y como no hablaba español, me hizo señas de que subiera mi bicicleta a una camioneta de color rojo con los emblemas de la Royal Canadian Mounted Police.

Juro que jamás había visto un uniforme de policía tan pintoresco y un hombre de modales igualmente regios. Condujo por largo rato y cuando llegamos a un pueblo muy bonito, calculo que a unos 15 kilómetros, me dejó en otra estación con un Sargento de la misma organización que resultó ser nada menos que el jefe de los scouts en toda la región.

-Welcome to Canada-, me dijo con una amplia sonrisa al punto que autorizaba al otro oficial a retirarse después de darle las gracias.

Esa fue mi primera y grata experiencia cuando hace 50 años atrás, ingresé a este país en bicicleta. Desde ese momento, comencé a amarlo.

El Sargento enseñándome la Estación, me condujo a un cuarto para huéspedes donde me mandó a seguir para que descansara; pero como yo estaba más fresco que nunca, optó por invitarme a conocer el pueblo.

Dos días permanecí en la población e incluso por insinuación del Sargento me hice cortar el cabello y él mismo me obsequió una capa amarilla de caucho para que me protegiera del agua.

-En toda esta región, llueve casi todos los días-, me advirtió y concluyó: Es la humedad.

El último día me llevó a conocer una familia colombiana residente en aquel lugar, pero desgraciadamente la señora de la casa estaba de luto por la muerte repentina de su esposo y, en tal caso, decidí no ser inoportuno.

¡El alemán! Pronunció el oficial. Se refería a un berlinés que había vivido parte de su vida en Mexico y hablaba un buen español. Lo encontramos. Entonces, el Sargento aprovechó para hacerme entender que por cuenta de la Estación me despacharía al día siguiente en tren para Vancouver, el Puerto más importante de Canadá sobre el Oceáno Pacífico.

Yo había oído hablar mucho de Vancouver como una de las ciudades más bellas del mundo; así que tenía mucha expectativa por conocerla y, por eso, me levanté muy temprano. ¿Además, quién podía quedarse en una cama cuando había tanta belleza por ver por donde quiera que pasaba?

Parques, lagos, riachuelos, cascadas, bosques interminables de puro verde y pueblos pequeños que invitaban al reposo y a la contemplación.

Cuando me preparaba para despedirme de los oficiales de la Policía Montada, en especial del Sargento scout, me sentí orgulloso de mi envestidura de explorador y de servidor incondicional a los demás. Me gustaba pensar que yo también podía ser útil como ellos, así fuera en menor medida. Por eso, antes de subirme al tren, me puse al frente de ellos y extendiendo la palma de la mano sobre mi frente, les despedí con un saludo militar. Ellos me respondieron de igual manera.

El recorrido del tren fue solo de treinta millas, aunque por terreno muy quebrado y sobre un paisaje sencillamente espectacular. Con la preponderancia del azul, los ríos culebreaban a través del verde fuerte de los bosques y se veía diluírse sobre otros menos intensos hasta tornarse otra vez en azules esmeralda, grises, negros. Las playas de arena muy blanca, contrastaban magníficamente con todo el conjunto de árboles y el color ocre de las rocas y, de vez en cuando, en la lejanía, se veían cabañas siempre blancas echando humo por la chimeneas.

A través de semejante paisaje llegué al puerto de Vancouver, sobre el Oceáno Pacífico. La ciudad, más bien grande y anclada en la orilla del mar se levantada a lo largo de una cadena de montañas cubiertas de nieve. Moderna, limpia y activa, tenía fama de ser el primer Puerto comercial sobre el Mar Pacífico, en territorio canadiense.

Recorrí sus calles en bicicleta e incluso me metí al centro de la ciudad ya que no advertí peligro alguno. En pleno centro, busqué el consulado colombiano pero lo encontré en manos de un señor chileno quien me puso miles de problemas, por lo que opté por olvidarme de visitas oficiales y seguir adelante.

De paso por la ciudad, entré a un almacen de artículos para deporte y, como pude, le expliqué al dueño sobre mi travesía por las Américas ensenándole mis documentos y testimonios de viaje. Muy gentilmente me regaló una llanta nueva y ordenó mantenimiento gratuito para mi bicicleta.

El resto de la tarde, lo aproveché para hacer un recorrido por el muelle donde pude observar que la gran mayoría de las gentes que trabajaban por allí eran asiáticos, chinos o japoneses, qué sé yo, pero en toda forma de ojos oblicuos y muy dedicados al trabajo. Por toda parte veía un aviso en inglés: "Help wanted, help wanted",... posteriormente, alguien me dijo que estaban buscando gente para trabajar.

No había ciudad o pueblo, por pequeño que fuera, donde no encontrara el mismo aviso. Unos mexicanos que estaban recien llegados, me invitaron a trabajar a una fábrica donde, según ellos, no les preguntaron ni por el nombre. Y así, comencé a darme cuenta que por fortuna había entrado a un país donde había abundante oferta de trabajo y mucho por hacer. No obstante, mi objetivo era llegar a la Provincia de Ontario, cumplir mi meta y el resto ya vendría por añadidura.

Entre los días 19 y 20 de Junio, estuve entre Crescent Beach y White Rock, B.C. En ambos lugares fui acogido por la policía pero fue en White Rock donde me encontré un paisano, un antioqueño de esos aventureros pero bien románticos porque se puso a llorar al verme. Recuerdo que escribió una página de lamentaciones y nostalgias, por sólo tres años que llevaba en este país:

"Su llegada a ésta, fue como un pedazo de mi tierra caída del cielo", comenzó así su discurso que bien puede leerse en la página 195 de mi álbum.

En esta misma población, conocí al Director de la Asociación de Scouts de Canadá, quien escribió para mí sus impresiones pero con una letra tan ilegible que nunca pude leerlas plenamente y, hasta el sol de hoy, 50 años después, no sé qué me dijo. Aunque firmó, por supuesto, que tampoco pude descifrar su nombre.

En plan de continuar mi viaje, preparé todo para abandonar Vancouver. Tenía un recorrido planeado de 190 millas programado en dos posibles estaciones: Westminster y Hope. Técnicamente hablando, hubiera podido pasar derecho por Westminster, sin parar, pero al detenerme allí a tomar y llenar mi cantimplora de agua, me encontré con una hermosa samaritana de ojos verdes. Era tan bella y la vi tan imposible, que al sentir yo la necesidad de hablarle, recordé aquel famoso reproche bíblico:

"¿Cómo es que siendo tú judío, me pides de beber a mí, que soy samaritana?"

Por suerte, yo no era más que un colombiano y le hablé. Ella haciendo esfuerzos por entenderme, también me habló hasta que por señas logré darme cuenta que se había sentado, allí, al pie del aljibe a confeccionar cigarrillos.

Para ello, empleaba una maquinita con mucha destreza y de un uso muy rudimentario; tan simple, que en pocos minutos yo también estaba armando tabacos. Su familia, inmigrantes irlandeses y católicos, esa noche me invitaron a cenar e inmediatamente después, a rezar el rosario. Conservaban intactas sus costumbres y aunque no entendía mucho de lo que trataban de decirme, al final de cuentas, descubrí que tenían dos hijos en la Policía Montada pues hablaban de su estatura como un privilegio.

Al reiniciar mi viaje, al amanecer, la joven de nombre Mary Donovan me obsequió una pañoleta que yo guardé mucho tiempo como símbolo de amistad. Comencé así, una nueva etapa que terminaría en Chilliback el 25 de junio.

En Chilliback, en la oficina de policía me pusieron contacto con el líder scout de la población. Éste a su vez, me presentó mucha gente, entre ellos, al Secretario del Ministerio de Importaciones quien me condujo a los periódicos locales y finalmente solicitó a las casas comerciales un apoyo económico que tuvo como resultado la colecta de $60 dólares canadienses que en mis circunstancias, fueron de un gran alivio.

Este funcionario del gobierno canadiense, de nombre E.J. Vowles, fue la antepenúltima persona que firmó mi álbum de firmas e impresiones porque la última página del libro, la 197, fue firmada por Grace, Max, Ran y Walter, empleados del Motel Swiss Chalets Auto Court, al llegar a la población de Hope, British Columbia, en la misma fecha, pero a las cinco de la tarde.

Walter, un muchacho de origen mexicano me dijo en un español con acento:

-De aquí para adelante verá las Rocosas.

Sinceramente no le entendí muy bien, pero al confirmar mi itinerario en el mapa comprendí que hablaba de las "Montañas Rocosas".

Como dije, corría el 25 de junio de 1955 cuando en Hope, B.C. se terminó mi álbum y tuve que improvisar un fajo de hojas sueltas para continuar con los registros más importantes.

Con un hermoso sol de verano, salí el 26 de junio de Hope destino a Princeton por una carretera en su mayor parte en bajada. A medida que descendía, sentía yo el sonido típico de la trinquetera cuando ésta permanece en neutro y registré con entusiasmo que, poco a poco, iba incrementando aceleradamente la velocidad. De pronto, sentí un sucio en mi ojo izquierdo y cuando traté de reaccionar perdí el control y me estrellé contra el talud en la orilla de la via, golpeándome fuertemente la espalda. Mi bicicleta rodó 5 metros adelante y cuando me incorporé para recogerla, vi con tristeza que del golpe se había reventado la llanta.

Golpeado y sin bicicleta me senté a esperar hasta que 15 minutos después, observé que se aproximaba un vehículo. Le puse la mano y el motorista se detuvo. Era un caballero canadiense que iba de viaje con su hija hacia Princeton. Muy comedidamente me recogió, me ofrecieron café de un termo que llevaban y como no hubo comunicación posible, decidió por su cuenta y riesgo llevarme al hospital. Ya en la ciudad, el médico me hizo una exhaustiva revisión buscando fracturas o lesiones graves pero solo dictaminó magulladuras y contusiones producidas por un cuerpo contundente. El caballero pagó mi cuenta y acto seguido se dirigió a un taller de bicicletas donde me hizo reparar mi máquina sin costo alguno. Finalmente, este amable canadiense me puso en contacto con la Liga Scout de la ciudad donde pasé la noche y me preparé para la jornada siguiente que terminaría en Oliver. Recuperado, hice normalmente la jornada en el transcurso del día pero solo alcancé a llegar a Okanagan Falls alrededor de las diez de la noche. Todo parecía desolado hasta que di con un café donde departían unos chinos que al verme me pusieron en contacto con el jefe scout, un Sargento de la Policía Montada. Me recibió muy bien, hasta el punto de invitarme a su casa a tomar un café donde conocí a su bella esposa. Ella muy generosamente preparó unos sandwiches y al sentarnos a la mesa aproveché para enseñarles mi libro de registros.

Esa noche, el sargento me invitó a un motel donde pasar la noche y vi cómo él mismo pagaba la cuenta.

Al día siguiente, en pocos horas llegué a Oliver, una población muy pequeña donde conocí una familia de alemanes que habían vivido en México. Tenían dos hijas mexicanas y se sintieron tan a gusto hablando español que me invitaron a descansar y pasar la noche en su casa.

Al reiniciar la marcha, viendo que la carretera estaba cerrada o prácticamente en construcción, no tuve más alternativa que desviarme de la 3, para buscar una salida hacia los Estados Unidos. Una patrulla de la policía se encargó de dirigirme hacia el camino advirtiéndome que debía recuperar la via en Greenwood y claramente me lo señalaron en el mapa.

La temperatura comenzó a bajar un poco y se hacía tarde así que desempaqué la chaqueta azul que había recibido de regalo cuando aún estaba de paso por el estado de Washington.

En efecto, en Greenwood recuperé la número 3, que era la via que me volvia entar a Canadá. En esta población de British Columbia, el oficial de la Royal Canadian Mounted Police, P. B. Paine, firmó mi libro de registros el 2 de julio de 1955.

Esta fue una de las jornadas más duras porque a pesar de que el muchacho mexicano había confundido a las "Rocky Mountains" con las "Purcell Mountains", de todas maneras resultaron demasiado quebradas y pendientes aunque dentro de un marco de belleza indescriptible. Fue tan penosa mi marcha, que por primera vez, subiendo una empinada cuesta, me bajé de la bicicleta y la tiré a un lado. Sentí ganas de llorar y hasta miedo de ver la desolación de aquellas carreteras y al frente mío: millas y millas por recorrer en el más absoluto abandono. Muchas veces, recorrí hasta un tiempo de tres horas sin ver pasar un vehículo o algo por el estilo. Éste era el Canadá, el inmenso país que yo estaba recorriendo: hermoso, pintoresco, rico en lagos, ríos, bosques, montañas verdes y nevadas pero despoblado, casi que solitario.

Venciendo mi depresión y haciendo de tripas corazón, me trepé nuevamente en mi mula de viaje y en el curso de una semana pasé, pernoctando en unos, o bien descansando en otros, por Rossland, Creston, Sparwood, Lethbridge, hasta Medicine Hat, donde llegué casi muerto el día 6 de julio de 1955.

En Medicine Hat, estaban en un rodeo. Como quien dice, desde Sparwood, hacía días que andaba ya por la Provincia de Alberta y no me había dado cuenta. Irremediablemente, el agotamiento de meses y meses de pedaleo incesante estaba comenzando ya a embotar mis sentidos.

En aquel lugar me quedé dormido debajo de una carreta, de esas que uno ve en las películas del lejano oeste, porque había comenzado a llover. Cuando desperté me encontré rodeado de unos muchachos vestidos de vaquero totalmente ebrios y reprochándome el que estuviera allí, como un vago. Por fortuna, uno de ellos chapuceaba el español y después de enseñarles mis documentos me ofrecieron wisky y cerveza; yo rechacé la oferta con mucha delicadeza y ellos en medio de su borrachera me llevaron a un establo donde una señora me dió huevos fritos con tocineta. Allí me dejaron. Como la dama tenía, al parecer, mucho qué hacer me hizo señas de que tenía que ausentarse pero no obstante me ofreció un rincón en el establo donde pasar la noche.

A pesar de una leve lluvia en las horas de la mañana, salí estrenando el impermeable amarillo a cubrir mi nueva ruta hasta Irvine, pero decidí parar en una población vecina de nombre Poipot, ya que había recorrido alrededor de 25 millas y aún llovia.

Allí me acerqué a un restaurante a comer algo y aunque no entendía mucho, la gente me hacía preguntas y hasta una niña viendo todos los emblemas y escudos que yo llevaba sobre el pecho se decidió a pedirme unas monedas. Solo cuando reapareció con su colección de monedas en una cajita de muchas partes del mundo, comprendí que era una coleccionista de armas tomar, y le regalé todas las monedas de Colombia, Panamá y Costa Rica, que aún llevaba conmigo.

Inmediatamente que escampó, tomé mi mapa y advertí sobre la línea roja que más adelante estaba Irvine, en la división con la provincia de Saskatchewan. Eso significaba, que más o menos tenía un promedio de tres días más para llegar a Regina, cuna de la Real Policía Montada. En este lugar, un miembro de la policía me hizo un inolvidable Tour explicándome cómo se había creado.

En julio 8 del año en curso, estaba recogiendo en Regina, Saskatchewan, la primera firma para mi libro de impresiones y comentarios; pero mi entrevistado tan solo se limitó a escribirme: "Good luck".

Alguien me había dicho que las Provincias de Alberta, Saskatchewan, y Manitoba, eran comunmente conocidas como las Provincias Onduladas y esta fue la impresión que tuve al atravesar sus lomitas suaves, blandas, apacibles, que como en un rosario de montañitas en molicie, iban apareciendo dentro de un paisaje irremediablemnete desértico aunque hermoso.

Reconfortado con la flexibilidad de la carretera ya que no ofrecía resistencia alguna, pude pedalear con mucho rendimiento y soltura por las más preciosa tierra, unas veces llena de ganado, otras de cultivos, las más, estepas solitarias como terrenos baldíos.

De esta manera y devorando carretera, en el término de tres días largos, llegué rendido a Winnipeg, Manitoba.

"Tengo que descansar", pensé.

Y lo hice, porque los días 12, 13, de julio los pasé en la pintoresca capital de Manitoba.

Pero lo que no canta el carro, lo canta la carreta y, así fue como en esta ciudad, una mujer policía incomodada con mi cuchillo scout al cinto, me lo quería decomisar desconociendo así que esta prenda para un explorador en ninguna forma significaba un arma ofensiva, sino más bien una invaluable herramienta de auxilio para muchos menesteres. Por suerte, unos amigos scouts que yo previamente había contactado se indignaron con el hecho y protestaron en mi nombre hasta recuperar la alhaja.

Ese incidente me pareció un contraste con lo que había leído en una revista de Winnipeg, llamándola "The friendly Province, o sea, Provincia de la Amistad. Obviamente que todas las lecciones de amistad y generosidad que había recibido de la Royal Canadian Mounted Police, a través de mi viaje, me hicieron olvidar este grotesco incidente.

El 14 muy de madrugada, salí lleno de entusiasmo en busca de la Provincia de Ontario. En el camino me alcanzó un muchacho

que ofreció darme un empujón si le ayudaba con la gasolina. Como pude le expliqué que acostumbraba pedalear hasta no poder, pero de todas maneras le regalé dos dólares.

Devorando carretera, me di cuenta que Manitoba era una Provincia muy rica en cultivos de trigo y crianza de ganado.

Al entrar a la Provincia de Ontario, advertí que a partir de Keewatin la carretera se convertía en la número 17. Así que estrenando carretera, rápidamente llegué a Kenora.

En Kenora encontré a un canadiense de nombre William que había trabajado muchos años en Colombia piloteando aviones de carga. Para mí, este personaje fue de mucha utilidad porque me ilustró en mi propio idioma sobre cosas que yo debía conocer de Canadá.

-Este país es igual a Colombia, en el sentido que todo está por hacer. Es un país nuevecito y de grandes oportunidades para quien quiera radicarse aquí-, me aseguró. Claro que el idioma es duro, pero no imposible-, añadió. Y de paso me invitó a radicarme en Kenora pero se acordó de mis objetivos y entonces me pidió que lo pensara.

-Fui muy feliz en Colombia-, comentó y me estuvo hablando de las fiestas que disfrutó en Barranquilla, las mujeres que amó, y los amigos de parranda, porque según él, se bebía todo lo que se ganaba, en los Clubes nocturnos.

-Eso sí es vida, colombiano-, me dijo. Esto aquí es sino trabajar y trabajar. Y en una forma muy colombianista de hablar, replicó: le estamos pisando los jarretes a los americanos.

¿Cuánto tiempo vivió en colombia? Le pregunté.

-Diez años. Allá me enseñaron a decir gringo porque por el acento y el color de mi pelo, todo el mundo me llamaba así.

¿Y le gustaron las barranquilleras?

¡Uy!, mucho coño, amigo, mucho coño! Y se echó a reir. San, San Fernando..., comenzó a cantar al tiempo que movia las caderas. ¡Uy, esa orquesta de Lucho Bermudez!

Definitivamente, este canadiense me pareció un tipo regio y como se identificaba con todo lo que había vivido en mi país, me resultó agradable. Tal vez fue la única persona que en mi recorrido me hizo tomar algunas cervezas y de pronto pasarme de copas porque al día siguiente amanecí con un guayabo que no pude arrancar. Cuando ya tuve todo preparado para salir, Wiliam me enseñó la ruta a seguir y me puso muy en claro mantener siempre la 17 hasta Fort William.

De tal suerte, comencé la jornada, por cierto, una de las más interesantes por la topografía del terreno. En Vermilion Bay, comencé a orillar el Eagle Lake y con justicia se llamaba así, porque volaban en los alrededores águilas, más bien pequeñas, como si se tratara de gaviotas. En Dryden, le comenté a alguien sobre mi admiración por el tamaño de los lagos que había visto y se echó a reir. Más adelante, al observar detenidamente mi mapa, reconocí que había pasado por tonto cuando me detuve a mirar las inmensas manchas azules que sobre el mapa, a manera de oceános, ilustraban los grandes lagos, Lake Superior y Lake Huron.

En Fort William (hoy Thunder Bay), quedé maravillado cuando me paré al frente a mirar en lontananza el Lake Superior. Me parecía indescriptible tanta riqueza de agua dulce y al mismo tiempo me aterrorizó el frío amenazante de la temperatura del agua.

En Fort William, conocí la planta de producción de papel más grande del mundo y al lado de la misma población estaba Port Arthur, también muy bello aunque más recogido. Me llamó tanto la atención esta región que estuve recorriéndola los días 19 y 20 de julio. Por esta fecha conocí a los señores, Jach Fawell, R. J. Leblanc y W.S. Brown y a un suramericano de nombre Fabio que me estimuló, según palabras textuales, a mostrar mi coraje hasta la meta para orgullo de Colombia y Suramérica.

En Fort William, me confirmaron la ruta 11 hacia el norte para después abrirme hacia el oriente pero lo que nadie me explicó era que existían dos carreteras y yo, por ignorancia, abandoné la ruta más rápida bordeando el Lago Superior, por la via a las estepas más desérticas y desoladas de Ontario, por los años cincuenta. Fue tan grave este error que me vi obligado a tomar un camioncito 3/4 Ford 52, que transportaba unos tubos de aluminio para North Bay.

El motorista resultó un portugués que había llegado años atrás a Toronto y en una mezcla de ambas lenguas tuvimos oportunidad de cambiar muchas ideas porque el viaje duró 48 horas durante las cuales descansamos solamente en Kapuskasing y Kirkland Lake.

Así que en julio 27 de 1955, el camioncito me descargó en North Bay. Como cosa curiosa, allí me encontré nuevamente con la 17. Miré el mapa y para desconcierto mío, había dado lo que vulgarmente se llama la vuelta del bobo. Pero en términos de tiempo y distancia me había ganado no menos de tres días de viaje y agotamiento físico.

En North Bay, salí de inmediato hacia el sur de Ontario. En el mapa se observaba una línea casi perpendicular señalándome la gran cantidad de pueblos por los que tenía que atravesar. Me puse a contarlos y eran alrededor de once poblaciones intermedias las que debía atravesar para llegar por esta ruta al gran Toronto de los años cincuenta.

La primera población que me encontré en importancia, fue Huntsville, a la cual llegué oscureciendo por haber salido de demasiado tarde de North Bay.

Por toda esta región se veía mucho más vida, más poblaciones y mucha gente; a pesar de la hora, aún platicaban en los corredores como disfrutando las bondades del verano. A una de tantas gentes me acerqué y pedí un vaso de agua. De inmediato, unos señores que platicaban en el corredor sentados en sillas de mimbre, comenzaron a preguntarme cosas y se interesaron mucho más en mí, cuando advirtieron que no les entendía. Como pude y con los recursos de siempre expliqué que iba hacia Toronto y que venía, ya me parecía, desde la Conchinchina nueve meses atrás. Fue una de las damas presentes quien hizo ademanes de que entrara y al rato, como de costumbre, me invitaron a pasar la noche en algún rincón de la casa. Siempre, en todo momento y en cualquier lugar, el uniforme scout me abrió sin recelos las puertas.

Allí dormí como un lirón. Quizás por la certeza de estar coronando mi anhelada meta. Tan solo faltaba un día para iniciar practicamente mi última etapa y me sentí muy complacido cuando en un calendario de pared, registré que el día siguiente era 23 de julio de 1955.

Después de despedirme de mis anfitriones, me monté en mi

bicicleta a dejarme llevar de la corriente por territorio en su totalidad a mi favor. Poco a poco, comencé a dejar atrás pequeñas poblaciones, villorrios: Bracebridge, Gravenhurst, Wasago, hasta que llegué a Orillia, donde comencé a divisar el Lago Simcoe llevándome hasta Barrie con un increíble paisaje de verano. Allí paré a tomar una cocacola para minutos después alcanzar las poblaciones de Newmarket, Aurora, Pickering y Markham.

Eran alrededor de las once de la noche, cuando comencé a ver señales anunciando las puertas de la ciudad. Hacía rato que venía por Yonge Street, o sea la misma 11, que más tarde reconocí como la calle más larga del mundo. Seguí descendiendo, dejándome llevar de mi bicicleta, sin hacer esfuerzo hasta que a eso de las doce de la noche comencé a entrar al corazón de la ciudad a lo largo de la Yonge Street. A pesar de la hora, se veía uno que otro transeúnte o gentes que salían de lugares de diversión. De paso, me encontré varios hoteles pero mi olfato me decía que eran costosos y yo no estaba en condiciones de pagar mucho dinero. Continué por la misma calle hacia el West de la ciudad y más o menos al encontrarme con otra calle de nombre Spadina, alcancé a divisar el Hotel Ford, al parecer muy modesto pero donde me permitieron dormir por tres dólares con veinticinco centavos.

Ya instalado en mi cuarto, miré el reloj y era la una de la madrugada del 24 de julio de 1955. En ese momento, pensé en mi madre cuando niño me hacía poner de rodillas para rezar el Ángel de la Guarda; y en su memoria, en el momento que tenía la absoluta certeza de que yo sobreponiéndome a todas las cosas había vencido, me inqué y en acción de gracias murmuré entre labios la oración infantil que mamá me enseño a rezar:

"Ángel de la guarda,
dulce compañía,

no me desampares

ni de noche ni de día".

Sentí ganas de llorar pero comprendí que mi cuerpo ya no daba más y mi piel estaba saturada por el rastro de 25.000 kilómetros a través de las Americas. Con la ayuda de mi fatiga y pensando en mi bicicleta, me quedé dormido.

Al día siguiente, me puse en contacto telefónico con el Cónsul colombiano en la ciudad de Toronto. Después de haber escuchado brevemente mi proeza, me advirtió:

-No se mueva de ahí, que en un cuarto de hora paso a recogerlo. Y así fue. Como mi bicicleta no cupo en su automóvil, me ofrecí a seguirlo.

Media hora después, me estaba presentando a su familia.

Mi amistad con el Cónsul de Colombia por aquella época perduró por muchos años. A él le debo, el haber conocido al señor Thomas Hays, hacendado y propietario de uno de los hatos ganaderos más grandes de Ontario, "Hays Farms, quien inicialmente me contrató como palafrenero de oficio en las Ferias Exposición de ganado Holstein, hasta que con el tiempo y mi experiencia, me hizo su representante ejecutivo para los negocios de exportación ganadera en Suramérica.

Debo contar que en uno de estos viajes, conocí a la mujer que hoy es mi esposa y madre de mis hijos. La conocí en Medellín y desde que la vi, me anamoré de sus ojos gitanos.

Volviendo a mi relato, recuerdo que ya establecido en Hays Farms y oxigenado económicamente gracias a mi trabajo, comencé a diligenciar mi asistencia legal al gran Jamboree de Niagara-on -the- Lake.

Indagué por las delegaciones que habían llegado por avión desde Suramérica y, efectivamente, la delegación colombiana venía representada por el Comandante General de la Policía Nacional de Colombia, Telmo Acevedo, quien a su vez, tenía la Comandancia Nacional Scout. Un día antes de la gran celebración, lo contacté en su hotel.

Me recibió en el lobby.

¿Qué desea? me preguntó, a pesar de que me estaba viendo con mi uniforme scout.

Le conté a qué había venido y para donde iba.

¿Tiene sus credenciales que lo ameriten como un scout?

Entonces le narré la historia del naufragio y de como había perdido todos los papeles y hasta mi primera bicicleta.

-Sin identificación como scout no lo puedo inscribir. Además es demasiado tarde. Lo siento.

Y me dejó plantado en medio de mi más absoluta incertidumbre y desconcierto.

Lo vi salir rodeado de otros scouts, con ropas nuevas y bien almidonadas mientras que yo, había lavado ya 25.000 veces mi única muda.

"Pero esto no es Colombia, sino Canadá", pensé. Y me fui derechito a buscar algún asiento scout canadiense. Me encontré a un grupo que venía de British Columbia tomando fotos al pie de Eatons Center sobre la calle Yonge y me uní a ellos. No me echaron a picotazos. Todo lo contrario, me integraron a su grupo hasta el punto que compartí el resto de la mañana con ellos, con la promesa de que los vería al día siguiente en Niagara-on-the-Lake. Y de paso, me obsequiaron una guía con mapas, avisos, recomendaciones, hoteles, puntos de recreo y todo lo concerniente a la región de Ontario donde se llevaría a cabo el

Jamboree.

-Quédese en nuestro hotel-, me dijeron.

-No, porque tengo que llegar muy temprano en mi bicicleta-, les dije agradeciéndoles.

-I see you tomorrow, Israel-, me dijo el jefe.

-I see you tomorrow-, contesté, dando mis primeros pasitos en Inglés.

Salí a las 2pm. para el lugar de los acontecimientos. Todo lo tenía fríamente calculado; había sido tan lastimado mi amor propio que me prometí llegar, incluso, de primero y en bicicleta al gran Jamboree de Canada con el cual había soñado.

Tomé la via número 2 como me lo indicaba el mapa, bordeando el hermoso lago Ontario que hacía las veces de Puerto por cada uno de los pueblos que pasé: Mississauga, Oakville, Burlington, Hamilton, Saint Catherines y finalmente me abrí a Niagara-on-the-Lake.

Entré alrededor de las 9pm. Y de inmediato me puse en reconocimiento del área. La señalización de información a todos los participantes del mundo era tan perfeta, que no tuve más que seguir las flechas y los avisos convencionales scouts que me ponían en el camino.

El lugar, consistente en más o menos 10 hectáreas de tierra en pura grama verde, había sido previamente trazado según el número de delegaciones visitantes por cada país. Incluso muchas delegaciones ya habían armado sus carpas de campaña y, aún a esa hora, se veía movimiento de trabajadores terminando labores inconclusas o reebasteciendo el inmenso campamento. Un guía scout que venía con una tropa de niños uniformados me saludó amablemente y me preguntó algo. Yo contesté, "no English" y como pude hice señas que buscaba un lugar para dormir sobre la grama. El guía le ordenó a uno de los niños acompañarme y éste me llevó a una escuela cercana donde estaban hospedados unos muchachos que habían llegado de la India y Sri Lanka. Aunque incomunicado pero en medio de una gran cordialidad, dormí bajo techo después de haber comido unos buenos sandwices con chocolat milk.

El día 18 de agosto de 1955 como estaba previsto, se inició aquel Jamboree histórico que reunió 11.137 personas de todas partes del mundo. Así que, en un abrir y cerrar de ojos, el campamento estaba convertido en un hormiguero humano, donde yo me sentía tan insignificante que me daban ganas de salir corriendo. "Debo encontrar mis amigos de Vancouver", pensé. Y me puse en la tarea, pero vi por todas partes tantos extranjeros rubios que todos me parecían canadienses. Finalmente, me guié por las banderas y quedé más confuso porque todos los campamentos izaban la bandera universal del escultismo y la propia, más como se habían hecho presentes todas las provincias, terminé por volverme loco.

¡Israel!, sentí una voz a mis espaldas que me llamaba. Giré la cabeza y me encontré inesperadamente con el americano que me había despedido con la promesa de que nos reencontraríamos en el Jamboree de ese día.

¡Mucho gusto! Me dijo en su español acentuado.

Yo muy feliz, le di mi mano izquierda y le saludé por su nombre.

-El gusto es para mí, Morgan.

¿Y su delegación? Me preguntó.

-Vine solo-, me limité a contestar.

El hombre como intuyendo algo, en su sentido práctico de la

vida, simplemente completó: ¡Entonces, váyase con nosotros! Queriendo decir..., ¡venga con nosotros! Y fue lo que hice.

Tenían una enorme carpa armada al pie del Trailer de donde se estaban monitoreando todos los acontecimientos. Sobre su plataforma, habían dispuesto varios micrófonos con banderines alusivos a las diferentes cadenas radiales norteamericanas y se veían unas sillas aún desocupadas, seguramente para personas importantes.

La ceremonia comenzó con un saludo a todas las delegaciones, en todos los idiomas y, de ahí en adelante, no entendí nada.

Suponía que no se trataba de entender sino de compartir, estrechar los lazos de amistad, hacer amigos, integrar pueblos con otros y estar siempre listo a servir como lo urgía el imperativo scout a través de todas la naciones del mundo conocido.

A eso del mediodía, los americanos repartieron almuerzos tan sofisticadamente empacados que yo no sabía cómo abrirlo. Pero mi amigo Morgan vino en mi auxilio sacándome del apuro. Simple cuestión de desarrollo y tecnología para multiplicar los panes.

Yo miré que muchos se acercaban a saludar a una distinguida dama y vi niños que le pedían autógrafos. "Debe ser alguien importante", pensé. Pero de ahí no pasó mi curiosidad.

Lo que si observé, fue a mi amigo Morgan dialogar con ella y la dama a su vez, remitirlo a uno de los monitores de grupo. Todo quedó así, hasta que se dió comienzo a una nueva ceremonia.

Un rato después, Morgan bajó de la tarima y me pidió:

¡Traiga la bicicleta!

Aunque no entendía nada de lo que pasaba, salí corriendo en su busca. A mi regreso, Morgan me estaba esperando y con bicicleta y todo nos trepamos a la tarima.

Recibí la sorpresa más grande de mi vida cuando al micrófono, un maestro de ceremonias pronunció mi nombre y por breves minutos habló de mi proeza. Pero no lo podía creer, cuando el locutor invitó a la dama que yo había visto allí, la señora Olive Vaden Powell, viuda del fundador del escultismo a imponerme una medalla.

Mi amigo me hizo una señal para que me acercara con mi bicicleta pero mis piernas fuertes que nunca habían desfallecido ante ninguna carretera, las sentí temblar, cuando la mujer impuso sobre mi pecho la medalla y estrechó mi mano izquierda. Tan sólo recuerdo el retumbar de los aplausos y cuando me volví hacia mi entrañable amigo y le dije: ¡Thanks Morgan!

Han pasado 50 años desde que me envolví en aquella regia aventura; tal vez, muchas de aquellas personas que conocí ya ni existan y los lugares que visité hayan sido transformados, o bien, el desarrollo los haya barrido para siempre; pero hay algo que permanece en mí, inalterable, y es la inmensa gratitud que siento con los países que me abrieron sus fronteras, las empresas que me patrocinaron, los amigos que me tendieron la mano y, sobre todo, a las diferentes organizaciones scouts americanas que, en mi odisea personal, me ayudaron a comprender la importancia de la superación, el esfuerzo colectivo y el sagrado mandamiento del servicio.

A todos ellos, con toda la fuerza que puede sentir un scout envejecido explorando montañas, navegando ríos y asistiendo a Jamborees, dedico estas páginas.

Rebeca Ramírez Salazar
El Santuario Antioquia
Tesorera

Samuel Gómez 6.

El suscrito *Pedro Tirso Vásquez C,*
Alcalde Municipal de Acandí, se
une sinceramente al cúmulo de
felicitaciones que en honor de sus
propietarios contiene este álbum. —
Acandí, Sept. 16/54

El suscrito, Teniente
Jefe de la Guardia
Nacional, en la Comarca
de San Blás, certi-
fica, que el Sr. Israel
Valderrama, explorador,
pasó por ésta Comarca,
en donde puso de re-
lieve, sus buenas cua-
lidades y por ende
que se hizo acreedor
al aprecio de los
miembros de la Guar-
dia Nacional.

Porvenir, Oct 11/54

Pascual Irola G
Teniente.

José Ma. González C.,
Gobernador de Colón,

hace constar que ha recibido en el Despacho de la Gobernación la visita del señor Israel Valderrama, ciudadano colombiano que realiza recorrido de acercamiento y buena voluntad por los países de América, para quien solicito la atención que sea posible, ofrecerle en la altruista misión que proyecta llevar a cabo.—

José María González C.
Gobernador de Colón

Colón, Oct. 19 — 1954

Juan B. Quintero.

Inspector Provincial de Educación de Colón y San Blas, saluda atentamente a los maestros de esta Provincia Escolar y se aprovecha de esta oportunidad para solicitarles una atención y ayuda al señor Israel A. Valderrama A., ciudadano colombiano en su misión de acercamiento cultural y buena voluntad.

Colón, 19 de Octubre de 1954.

En el grandioso día de mi País;
PANAMÁ. Noviembre 28. de 1954.
tube el Placer de conocer y estrechar la mano izquierda del Hermano.
Israel Valderrama de la Brigada Nº 6.
Patrulla; Águila Roja Nal. quien viaja en
una jira a Nuestra hermana República
de Méjico. por lo que logrando la
oportunidad Para mandar un saludo
Fraternal a todos los hermanos Scouts
mexicanos. son mi deseo que logre
con exito lo Propuesto por el hermano Valderrama ver cumplida su misión.

Puerto Armuelles. Nov. 28. de 1954.

A.J. Frago
Jefe Scout.

Se hace constar: Que hoy a las
quince horas se presentaron en
esta Alcaldia Segunda Civil,
Penal y de Trabajo los Radistas
Ramón H. Silva e Israel Valde
rrama Argentino y Colombiano respectivamente quienes van
por esta, tierras de America en
la muy noble misión en pro del
los Acercamiento de los mismos
pueblos que la forman Visita
muy honrosa para el personal
de esta Alcaldia.
        Diciembre 9-1954.
        G.E. González

Mani F. J. Gil Gadeffer B
Pro Sño-   Secretario.

                    Gud son
                     F. E

En esta fecha pasó de
tránsito procedente de Costa Rica
y con destino a Honduras, el ciclista colombiano Israel Alfonso
Valderrama.-

Estelí, 8 de Enero de 1955

El suscrito Comandante de
Armas interino, hace constar: que
el ciclista Colombiano Israel
Valderrama Acevedo, viaja
a travez del Continente americano en misión cultural,
y le desea el mejor de los
éxitos en su brillante jira
por los paises Indo americanos.—

Choluteca, D.D., Enero 10-1953.

La Oficina de Esta
Oficina del Hospital
San Felipe por la
presente hace constar que
el Sr. Serna Valderrama
estuvo interno desde el 12
de Enero, saliendo el 19
del mismo mes.–

Deseando al Sr. Val-
derrama muy feliz via
je y que tenga muy gra-
tas impresiones. –

Luz de Dios.
Encargada Oficina
Francisca Murillo Selva

96

El personal Docente de
la Escuela de Niñas Re
pública de Colombia de
El Salvador, desea que
el Sr. Israel Valderram
lleve de este país, donde
se aprecia mucho a los
colombianos, las mejores
impresiones.
¡Feliz viaje Sr. Valderra
ma!
— San Salvador, Febrero 1° de
1955.

Lydia García

(sello) ESCUELA DE NIÑAS "REPUBLICA DE COLOMBIA" — SAN SALVADOR — REP. DE EL SALVADOR, C. A.

104

El Personal Docente y alumna
de la Escuela Nacional de
Niñas N° 6 "Jorge Washington"
le augura al intrépido ciclista Colombiano Israel A.
Valderrama muchos éxitos en
su jira que ha emprendido
por estos países de América

Guatemala 14 de Feb. 1955

Concha A. de Trajeda

Deseo a mi compatriota
Israel Valderrama éxito
completo en su empeño
de completar su travesía
por rutas terrestres a
través de varios países,
llevando el nombre de
Colombia en su bicicleta
y los colores patrios sobre
su corazón.

Guatemala, febrero 16 de
1955

Antonio Ordoñez Espinosa
Ministro de Colombia

114

El Alcalde de la ciudad de Guatemala, al recibir la cordial visita del gran ciclista colombiano, señor Israel Valderrama Acevedo, quien hace un recorrido de buena voluntad a través de los países americanos, aprovecha la oportunidad para desearle todo éxito en su magnífico intento.

Guatemala, 18 de Febrero 1955.

Julio E. Obiols

A Israel Vel derrame,
deseándole un magnífico
y muy merecido triunfo
Ten sus viajes por la
América del Norte.-

Esteban A. del Puon-
abril de 1955.- (Hotel Coliseo,
México, D.F.)

HOTEL COLISEO
BOLIVAR No. 28
ABR 25 1955
MEXICO, D. F.
TEL 18-10-60

A b ... Carlos Hernández
Hotel Coliseo
/México D. F.

Pablo Espinosa M.-
abril / 29/55.- México, D. F.-

154

Congratulations on your
successful tour from
Buenos Aires to Tucson,
Arizona. Best wishes
for the trip from
Tucson to Alaska.
May you find the people
of the United States friendly
& helpful on the remainder
of your journey.
May 3, 1955
Tucson, Ariz. Mary J Scott
Secretary to Mayor

SAN GABRIEL VALLEY COUNCIL
BOY SCOUTS OF AMERICA
938 E UNION STREET
PASADENA 4, CALIFORNIA

MAy youR visit hea
be A pleasant one
And one You will Always Remember
Good Luck - Good Scouting + God Speed.
WR NeSmith

May 14, 1955

So glad to have you
with us on television
at KRCA — ours is a
three-way friendship. 1st —
I love your country. 2nd —
I have been a Scout (Troop 15
Rochester, N.Y.) since 1919 —
now a Scoutmaster, 1) Troop 97
Hollywood, Calif.) 3rd — our
personal friendship from
"The Sporting World". —
Regards to you & best
on your trip through our
great America —
Cordially
James McCullough
KBC Hollywood.

May 15, 1955

To my new friend : We
were so proud of you and
"young John" Van Barneveld
on our TV program in
Hollywood today. I envy
your good fortune — — your
persistence will take you to
many interesting places where
you will always meet
interesting people. When you get
to Juneau, Alaska — — have
a drink at the RED DOG —
and think of me! And, convey
my regards to the Honorable
Governor Heizelman of the
Territory of Alaska, too. All
the best to you!

Nowell Gillespie
Los Angeles EXAMINER

'65 May 15, 1955
Puente, Calif.

To Israel Valderrama:—
Your stay in our home
has been greatly enjoyed.
We, too believe friendship
and travel will bring many
people into closer understanding.
Vaya con Dios — Y si Vd
pasa por California en
via por el pais de
Columbia, no te olvidase
este casa y gentes. Yo
me gusto mucho hablando
en Español, yo se bien
que yo hablo poco malo.
Pero ahora yo espero
que Vd va hablar bien en
Englais. Otro vez — Vaya
con Dios —
    J H van Barneveld,
    California Roses, Inc.
a Boy Scout from 1910 & a Scouter now

ICP   5-21-53

Greetings
From
The
Rose Bowl

Carl R. Alexander
Manager
"Rose Bowl"

BIENVENIDO A CANADA

194

June. 19. 1955
Crescent Beach
BC

We enjoyed your short stay with us & hope you can stop by on your return from the Scout Jamboree at Niagara, Canada.

International Goodwill is all this old world needs, International Scout Gatherings such as you are attending is a great factor in this dir-ection. Best Wishes from us here & remember we are all good Scouts at heart.

Also
Harman,
Russy & Cst. Paul Stacek

A. R. Foster, Sgt
RCM Police